ABUSO DEGLI ANZIANI

Testimonianze e rivelazioni di un flagello globale

DIRITTI D'AUTORE © 2024 LOTUSSACRÉ®

Prima edizione settembre 2024

Questa è un'opera di non-fiction. Ogni riferimento a eventi storici, persone reali o luoghi reali è utilizzato in modo fattuale. Tutti gli altri nomi, personaggi, luoghi e incidenti sono il prodotto della ricerca e dell'immaginazione dell'autore. Ogni somiglianza a eventi, luoghi o persone reali, viventi o defunti, è del tutto casuale.

SOMMARIO

INTRODUZIONE 6

L'importanza di affrontare l'abuso degli anziani ..6

Obiettivi del libro 8

Metodologia di ricerca 9

CAPITOLO 1 12

STORIA DELLE CASE DI RIPOSO 12

Evoluzione delle case di riposo in Francia.............15

Diversi tipi di stabilimenti 26

Ruolo e missione degli EHPAD 28

CAPITOLO 2 34

GLI SCANDALI SVELATI 34

Indagini giornalistiche 36

Testimonianze di vittime e famiglie.......................39

Reazioni delle autorità e delle istituzioni.................42

CAPITOLO 3 49

TIPI DI ABUSO...49

Abuso fisico 51

Abuso psicologico 54

Negligenza e abbandono 56

Abuso finanziario 59

CAPITOLO 4 67

FATTORI CONTRIBUENTI 67

Mancanza di personale e formazione insufficiente..69

Pressioni finanziarie e ricerca del profitto 76

Problemi di gestione e supervisione 81

CAPITOLO 5 88

CONSEGUENZE DELL'ABUSO 88

Impatto sulla salute fisica e mentale dei residenti ...89

Conseguenze per le famiglie 92

Impatto sul personale sanitario 95

Impatto sociale...98

CAPITOLO 6 104

PROSPETTIVA INTERNAZIONALE 104

Analisi comparativa dei sistemi di assistenza agli
anziani e prevalenza degli abusi 105

Iniziative e riforme internazionali innovative 121

CAPITOLO 7: 134

RISPOSTE E SOLUZIONI 134

Riforme legislative e regolamentari.......................135

Iniziative delle ONG e coinvolgimento della comunità
....140

Pratiche innovative e soluzioni tecnologiche 142

Misurare il successo e adattare le soluzioni 145

CAPITOLO 8 152

RUOLO DEI GIOVANI ADULTI 152

Consapevolezza ed educazione 154

Impegno e volontariato................................156

Creare ponti tra generazioni: i giovani adulti come paladini dell'assistenza agli anziani........................159

Il ruolo fondamentale dei giovani adulti nella lotta contro gli abusi sugli anziani 168

Preparazione alla vecchiaia.........................177

CAPITOLO 9 184

PROBLEMI DI FINANZIAMENTO PER LE CASE DI RIPOSO IN FRANCIA...184

Il divario pubblico-privato: un sistema sotto pressione 185

Aumento dei costi contro risorse limitate 187

L'impatto sulla qualità dell'assistenza e le possibili soluzioni 189

La crisi finanziaria sempre più profonda nelle case di riposo francesi..193

CONCLUSIONE..206

INTRODUZIONE

Negli ultimi anni, è venuta alla luce una realtà inquietante, che ha scosso le fondamenta della cura della nostra società per i suoi membri più vulnerabili. L'abuso dei nostri anziani nelle case di riposo, un tempo una preoccupazione sussurrata, è emerso come una piaga globale che richiede la nostra immediata attenzione e azione. Questo libro cerca di far luce su questo problema pervasivo, riunendo testimonianze, rivelazioni e analisi approfondite per comprendere i fallimenti delle nostre società nel proteggere coloro che ci hanno dato così tanto.

L'importanza di affrontare l'abuso degli anziani

Con l'invecchiamento della popolazione mondiale, la cura e il benessere degli anziani sono diventati preoccupazioni critiche. Le case di riposo, progettate per offrire comfort,

sicurezza e una vita dignitosa ai nostri anziani, sono purtroppo diventate luoghi di sofferenza inimmaginabile per molti. Gli abusi che si verificano all'interno di queste istituzioni non sono solo una violazione dei diritti umani; sono un tradimento della fiducia riposta nei nostri sistemi di assistenza e un riflesso di problemi sociali più profondi.

L'importanza di affrontare l'abuso degli anziani non può essere sopravvalutata. Non colpisce solo le vittime dirette, ma anche le loro famiglie, i loro assistenti e il tessuto stesso delle nostre comunità. Ignorando o minimizzando questo problema, rischiamo di perpetuare un ciclo di negligenza e indifferenza che minaccia la dignità e il benessere del nostro sé futuro.

Obiettivi del libro

Questo libro si propone di:

1. Denunciare la realtà degli abusi sugli anziani nelle case di riposo in tutto il mondo.
2. Analizzare i fattori che contribuiscono a far sì che tali abusi persistano.
3. Esplora le varie forme di abuso, da quello fisico e psicologico a quello finanziario e negligente.
4. Esaminare il ruolo dell'intelligenza artificiale nel rilevare e prevenire gli abusi sugli anziani.
5. Fornire una piattaforma in cui le vittime e le loro famiglie possano condividere le loro storie.
6. Esaminare le iniziative e le riforme di successo di diversi Paesi.
7. Offrire soluzioni pratiche e raccomandazioni per la prevenzione e l'intervento.

8. Stimolare l'azione di lettori, decisori politici e operatori sanitari per combattere questo problema.

Metodologia di ricerca

Per garantire una rappresentazione completa e accurata degli abusi sugli anziani nelle case di riposo, questo libro adotta un approccio di ricerca multiforme:

1. **Rassegna della letteratura** : un'ampia rassegna di studi accademici, resoconti governativi e indagini giornalistiche fornisce le basi per la nostra comprensione del problema.
2. **Analisi dei dati** : sono stati analizzati dati statistici provenienti da vari paesi e organizzazioni internazionali per presentare una prospettiva globale sulla prevalenza e sui modelli di abuso degli anziani.
3. **Interviste con esperti** : le conversazioni con gerontologi, professionisti

dell'assistenza agli anziani, decisori politici ed esperti legali offrono spunti sulla complessità del problema e sulle possibili soluzioni.

4. **Casi di studio** : analisi dettagliate di incidenti e istituzioni specifici forniscono esempi concreti di abusi e delle relative conseguenze.

5. **Testimonianze** : i resoconti diretti delle vittime, delle loro famiglie e dei whistleblower conferiscono un volto umano alle statistiche e alle analisi.

6. **Integrazione dell'intelligenza artificiale** : esplorazione del modo in cui l'intelligenza artificiale viene utilizzata per rilevare e prevenire gli abusi sugli anziani, inclusa l'analisi dei dati generati dall'intelligenza artificiale e studi di casi sull'implementazione dell'intelligenza artificiale in contesti assistenziali.

Mentre ci imbarchiamo per scoprire la verità sugli abusi sugli anziani nelle case di riposo, è fondamentale affrontare l'argomento con sensibilità e determinazione. Le storie e le informazioni contenute in queste pagine

possono essere difficili da affrontare, ma sono essenziali per comprendere e affrontare questo problema critico.

Alla fine di questo libro, i lettori non solo avranno una comprensione completa del problema, ma saranno anche dotati delle conoscenze e della motivazione per agire. Che tu sia un familiare preoccupato per una persona cara, un professionista nel settore dell'assistenza agli anziani, un decisore politico o semplicemente un cittadino preoccupato, questo libro ti invita a unirti alla lotta contro gli abusi sugli anziani e a lavorare per un futuro in cui i nostri anziani ricevano le cure, il rispetto e la dignità che meritano.

CAPITOLO 1

STORIA DELLE CASE DI RIPOSO

Il concetto di case di riposo, come le conosciamo oggi, è il risultato di secoli di evoluzione sociale, economica e culturale. Per comprendere appieno lo stato attuale dell'assistenza agli anziani e le sfide che affrontiamo nel combattere gli abusi in queste istituzioni, dobbiamo prima esaminare le loro

radici storiche e il loro sviluppo. Questo capitolo vi porterà in un viaggio nel tempo, ripercorrendo l'evoluzione delle case di riposo dalle loro prime incarnazioni alle moderne strutture che vediamo oggi.

Ci concentreremo principalmente sulla Francia, un paese con una ricca storia di welfare sociale e assistenza agli anziani. L'esperienza della Francia fornisce un caso di studio avvincente che riflette le tendenze più ampie europee e occidentali nel trattamento degli anziani. Comprendendo questa storia, otteniamo preziose informazioni su come gli atteggiamenti sociali nei confronti dell'invecchiamento siano cambiati nel tempo e su come questi cambiamenti abbiano plasmato i nostri attuali sistemi di assistenza agli anziani.

Esploreremo la trasformazione dagli ospizi medievali gestiti da ordini religiosi agli Établissements regolati dallo Stato di Alloggio per Persone Anziani Dépendantes (EHPAD) di oggi. Questo viaggio rivelerà non solo i cambiamenti nell'infrastruttura fisica, ma anche le filosofie di cura in evoluzione, il crescente coinvolgimento dello Stato nel welfare degli anziani e il crescente riconoscimento delle esigenze uniche delle popolazioni anziane.

Inoltre, questo capitolo fornirà una panoramica dei diversi tipi di case di riposo che esistono oggi in Francia. Ogni tipo di struttura soddisfa diversi livelli di indipendenza e bisogni di cura, riflettendo le diverse esigenze della popolazione anziana. Comprendere queste distinzioni è fondamentale per comprendere il panorama dell'assistenza agli anziani e i contesti specifici in cui possono verificarsi abusi.

Infine, approfondiremo il ruolo e la missione degli EHPAD, la forma più comune di casa di riposo in Francia oggi. Esaminando le loro funzioni e responsabilità previste, getteremo le basi per discussioni successive su come e perché queste istituzioni a volte falliscono nei loro doveri, portando all'abuso e alla negligenza che questo libro intende esporre e affrontare.

Mentre intraprendiamo questo viaggio storico, è importante ricordare che la storia delle case di riposo non riguarda solo edifici e istituzioni. È una narrazione su come la società valorizza e si prende cura dei suoi membri anziani. Comprendendo questa storia, possiamo apprezzare meglio i progressi compiuti, riconoscere le sfide che persistono e immaginare un futuro in cui la dignità nella vecchiaia non è solo un ideale, ma una realtà per tutti.

Evoluzione delle case di riposo in Francia

La storia delle case di riposo in Francia è una testimonianza del cambiamento nell'approccio del Paese all'assistenza agli anziani nel corso dei secoli. Questa evoluzione può essere tracciata attraverso diversi periodi chiave:

1. Medioevo: l'ascesa degli ospizi

Nella Francia medievale, la cura degli anziani era principalmente una responsabilità

familiare. Tuttavia, per coloro che non avevano il sostegno della famiglia, intervenivano le istituzioni religiose. Monasteri e conventi spesso fornivano riparo e assistenza agli anziani poveri, creando quella che potremmo considerare la prima forma di case di riposo. Questi hospice, pur offrendo cure di base, erano spesso sovraffollati e si concentravano più sul conforto spirituale che sul benessere fisico.

Il concetto di hospice ha avuto origine dalle tradizioni cristiane di carità e ospitalità. Queste istituzioni, spesso gestite da ordini monastici, fornivano un posto per i malati, i poveri e gli anziani che non avevano nessun altro posto dove andare. Sebbene offrissero riparo e sostentamento di base, la qualità delle cure era spesso rudimentale per gli standard moderni. L'attenzione era rivolta principalmente alla soddisfazione dei bisogni spirituali, con il comfort fisico come preoccupazione secondaria.

È importante notare che questi primi hospice non erano riservati esclusivamente agli

anziani. Ospitavano un mix dei più vulnerabili della società: malati, poveri, orfani e anziani. Questa mancanza di specializzazione significava che le esigenze specifiche degli anziani venivano spesso trascurate o affrontate in modo inadeguato.

Nonostante i loro limiti, questi hospice medievali rappresentarono il primo tentativo sistematico di fornire assistenza istituzionale agli anziani al di fuori della struttura familiare. Gettarono le basi per le istituzioni di assistenza più specializzate che si sarebbero sviluppate nei secoli successivi.

2. XVII-XVIII secolo: l' Ospedale Generale

Il XVII secolo segnò un cambiamento significativo nell'approccio al welfare sociale in Francia, inclusa l'assistenza agli anziani. Nel 1656, Luigi XIV fondò l' Hôpital Général di Parigi, un'istituzione che avrebbe avuto un profondo impatto sull'assistenza degli anziani e di altre fasce di popolazione vulnerabili.

L' Ospedale Général non era una struttura medica in senso moderno, ma piuttosto un vasto complesso di edifici progettati per ospitare i poveri, tra cui molti anziani che non erano in grado di sostenersi. Questo sviluppo rappresentò un passo verso un maggiore coinvolgimento dello Stato nel welfare sociale, spostando parte della responsabilità dell'assistenza dalle istituzioni religiose al governo.

Tuttavia, le condizioni nell'Hôpital Général erano spesso duri. L'istituzione si occupava tanto di controllare e contenere la povertà quanto di fornire assistenza. I residenti, compresi gli anziani, erano spesso sottoposti a rigidi regimi di lavoro e preghiera. L'attenzione era rivolta alla riforma morale piuttosto che al comfort o all'assistenza specializzata per gli anziani.

Nonostante le sue carenze, l'istituzione dell'Hôpital Général è stato un passo cruciale nell'evoluzione dell'assistenza agli anziani. Ha creato un precedente per il coinvolgimento dello Stato nel benessere degli anziani e di

altre popolazioni vulnerabili, un principio che avrebbe continuato a svilupparsi nei secoli a venire.

3. XIX secolo: gli Hospices Civili

Il XIX secolo vide ulteriori sviluppi nell'istituzionalizzazione dell'assistenza agli anziani in Francia con l'istituzione degli Hospices Civils in molte città francesi. Queste istituzioni erano più specificamente focalizzate sulla cura degli anziani poveri, rappresentando un passo verso un'assistenza agli anziani più specializzata.

Gli Hospices Civils erano in genere gestiti dalle autorità locali piuttosto che dagli ordini religiosi, riflettendo il continuo passaggio verso un'assistenza laica gestita dallo Stato. Fornivano alloggi di base, cibo e un certo livello di assistenza medica per gli anziani che non potevano essere assistiti dalle loro famiglie o comunità.

Tuttavia, queste istituzioni hanno comunque dovuto affrontare sfide significative. Erano

spesso sovraffollate e sottofinanziate, e facevano fatica a soddisfare le esigenze di una popolazione anziana in crescita. L'assistenza fornita era basilare, incentrata su riparo e sostentamento piuttosto che su un supporto medico o psicologico completo.

Nonostante queste limitazioni, gli Hospices Civils hanno rappresentato un passo importante nell'evoluzione dell'assistenza agli anziani. Hanno riconosciuto gli anziani come un gruppo distinto con esigenze specifiche, preparando il terreno per un'assistenza più specializzata in futuro.

4. Inizio del XX secolo: l'emergere delle Maisons de Retraite

L'inizio del XX secolo ha segnato un cambiamento significativo nell'approccio all'assistenza agli anziani in Francia con l'emergere delle " maisons de retraite " o case di riposo come le conosciamo oggi. Questo sviluppo rifletteva la crescente consapevolezza delle esigenze specifiche della popolazione anziana e un passaggio verso un'assistenza più specializzata.

A differenza dei loro predecessori, le maisons de retraite erano progettate specificamente per gli anziani. Cominciarono a concentrarsi non solo sulla fornitura di un riparo e sostentamento di base, ma anche sulla soddisfazione delle esigenze sociali e ricreative dei residenti. Questo cambiamento rappresentò un passo importante verso il riconoscimento della dignità e della qualità della vita degli anziani.

Tuttavia, è fondamentale notare che queste case di riposo anticipato erano ancora viste principalmente come un'ultima spiaggia. Venivano utilizzate in genere da coloro che non potevano essere accuditi dalle loro famiglie, sia per mancanza di risorse che per l'assenza di familiari. Lo stigma associato al "mandare via" i parenti anziani significava che molte famiglie si rivolgevano a queste istituzioni solo quando non avevano altre opzioni.

Nonostante queste limitazioni, l'emergere delle maisons de retraite segnò un importante cambiamento negli atteggiamenti della società nei confronti dell'invecchiamento e dell'assistenza agli anziani. Gettò le basi per modelli di assistenza più completi e specializzati che si sarebbero sviluppati nella seconda metà del secolo.

5. Dopo la seconda guerra mondiale: modernizzazione ed espansione

Il periodo successivo alla seconda guerra mondiale portò cambiamenti significativi nella società francese che ebbero un impatto profondo sull'assistenza agli anziani. Diversi fattori contribuirono a una rapida espansione e modernizzazione delle case di riposo durante questo periodo:

1. **Cambiamenti demografici** : nel dopoguerra si è assistito a un drastico aumento dell'aspettativa di vita, con conseguente aumento della popolazione anziana bisognosa di cure.

2. **Cambiamenti nelle strutture familiari** : l'urbanizzazione e i cambiamenti nelle dinamiche familiari hanno fatto sì che sempre meno anziani potessero contare sui familiari per l'assistenza.

3. **Crescita economica** : il boom economico del dopoguerra ha fornito risorse per espandere e migliorare i servizi sociali, tra cui l'assistenza agli anziani.

4. **Coinvolgimento del governo** : il governo francese ha assunto un ruolo più attivo nella regolamentazione e nel finanziamento delle case di riposo, riconoscendo l'assistenza agli anziani come una questione sociale cruciale.

Durante questo periodo, si è registrato un aumento significativo del numero di case di riposo in tutta la Francia. Queste nuove istituzioni erano spesso meglio equipaggiate e dotate di personale rispetto alle precedenti, con una maggiore attenzione a fornire condizioni di vita confortevoli e assistenza medica.

Anche il concetto di case di riposo iniziò a evolversi. Pur continuando a soddisfare principalmente le esigenze di coloro che non potevano essere assistiti a casa, si cominciò a riconoscere che queste istituzioni potevano fornire servizi preziosi anche per gli anziani più indipendenti. Ciò portò allo sviluppo di una gamma di diversi tipi di strutture di riposo che soddisfacevano vari livelli di necessità e indipendenza.

6. Dalla fine del XX secolo a oggi: l'ascesa degli EHPAD

Il capitolo più recente della storia delle case di riposo francesi è segnato dallo sviluppo degli EHPAD (Établissement di Alloggio per Persone Anziani Istituiti per legge nel 1997, gli EHPAD rappresentano la forma più moderna e completa di case di riposo in Francia .

Gli EHPAD sono stati creati in risposta alla crescente necessità di cure specialistiche per gli anziani non autosufficienti. Sono progettati per fornire un elevato livello di assistenza

medica e personale, insieme a sistemazione e supporto sociale. Questo modello riconosce che molti anziani, in particolare quelli con condizioni di salute croniche o problemi cognitivi, necessitano di un supporto più intensivo di quello che le tradizionali case di riposo potrebbero fornire.

Le caratteristiche principali degli EHPAD includono:

1. **Personale medico** : gli EHPAD devono avere nel loro personale personale medico specializzato, tra cui infermieri e spesso un medico coordinatore.
2. **Piani di assistenza personalizzati** : ogni residente ha un piano di assistenza personalizzato, adattato alle sue specifiche esigenze e condizioni di salute.
3. **Unità specializzate** : molti EHPAD includono unità specializzate per residenti affetti da patologie quali il morbo di Alzheimer o altre forme di demenza.

4. **Standard regolamentati** : gli EHPAD sono soggetti a rigide normative governative in materia di livelli di personale, qualità dell'assistenza e strutture.

L'ascesa degli EHPAD segna un'evoluzione significativa nell'approccio all'assistenza agli anziani in Francia. Rappresenta un passaggio verso un modello di assistenza più medicalizzato , che riconosce le complesse esigenze di salute di una popolazione che invecchia. Tuttavia, come esploreremo nei capitoli successivi, questo modello porta con sé anche le sue sfide e il potenziale per problemi sistemici.

Diversi tipi di stabilimenti

Oggi, la Francia offre una varietà di opzioni di assistenza agli anziani, ciascuna delle quali soddisfa diversi livelli di indipendenza e necessità di assistenza:

1. **Residenze Autonomie (ex Foyers-logements)** : sono progettati per

anziani relativamente indipendenti. Offrono appartamenti privati con alcune strutture comuni e servizi opzionali come pasti o pulizie. I residenti possono vivere in modo indipendente pur avendo accesso al supporto se necessario.

2. **EHPAD** : come discusso in precedenza, si rivolgono a persone anziane che non sono più in grado di vivere in modo indipendente. Forniscono assistenza completa, tra cui supporto medico, assistenza personale e attività sociali.

3. **Résidences Services Seniors** : si tratta di residenze private che offrono servizi come pasti, pulizie e attività, ma con meno supporto medico rispetto agli EHPAD. Sono spesso più lussuose e si rivolgono ad anziani più ricchi che vogliono mantenere un'elevata qualità della vita pur avendo accesso a servizi di supporto.

4. **Unités de Soins Longue Durée (USLD)** : si tratta di strutture mediche

per anziani con gravi problemi di salute che richiedono cure mediche costanti. Forniscono un livello di assistenza medica più elevato rispetto agli EHPAD standard.

5. **Accueil Familial** : questo comporta che gli anziani siano accuditi a casa di un badante approvato , offrendo un ambiente più familiare. Questa opzione può essere particolarmente utile per gli anziani che hanno difficoltà con la natura istituzionale delle tradizionali case di riposo.

Ruolo e missione degli EHPAD

In quanto principale forma di assistenza residenziale per anziani in Francia oggi, gli EHPAD svolgono un ruolo cruciale nel sistema di assistenza per anziani francese. Le loro missioni includono:

1. **Assistenza completa** : gli EHPAD sono progettati per fornire un'assistenza completa per gli anziani non autosufficienti. Ciò include non solo

l'alloggio, ma anche l'assistenza medica, l'assistenza personale e il supporto sociale.

2. **Supporto medico** : a differenza di altre forme di case di riposo, le EHPAD hanno personale medico in loco, tra cui infermieri e spesso un medico coordinatore. Sono attrezzate per gestire vari problemi di salute comuni nella popolazione anziana.

3. **Mantenere dignità e indipendenza** : nonostante si rivolgano a individui dipendenti, gli EHPAD mirano a mantenere la dignità dei residenti e la massima indipendenza possibile. Ciò comporta piani di assistenza personalizzati e attività progettate per stimolare le capacità cognitive e fisiche.

4. **Integrazione sociale** : gli EHPAD hanno il compito di garantire che i residenti non si isolino. Organizzano attività sociali, uscite e incoraggiano le visite dei familiari per mantenere i legami sociali.

5. **Cure di fine vita** : molti EHPAD sono attrezzati per fornire cure palliative, assicurando conforto e dignità nelle fasi finali della vita.

6. **Assistenza per malati di Alzheimer e demenza** : molti EHPAD dispongono di reparti specializzati per persone affette da Alzheimer o altre forme di demenza, che forniscono assistenza mirata per queste condizioni.

L'evoluzione delle case di riposo in Francia riflette cambiamenti sociali più ampi negli atteggiamenti verso l'invecchiamento, l'assistenza e il ruolo dello Stato nel provvedere ai suoi cittadini anziani. Dagli hospice medievali ai moderni EHPAD, ogni fase di questa evoluzione ha portato sia progressi che nuove sfide.

Le case di riposo odierne, in particolare le EHPAD, rappresentano il culmine di secoli di sviluppo nell'assistenza agli anziani. Il loro obiettivo è fornire un'assistenza completa e dignitosa alla popolazione anziana della Francia. Tuttavia, come esploreremo nei capitoli successivi, la realtà spesso non è all'altezza di questi ideali.

Comprendere questa storia è fondamentale quando ci addentriamo negli attuali problemi che le case di riposo devono affrontare, tra cui la preoccupante prevalenza di abusi sugli anziani. Riconoscendo quanta strada abbiamo fatto, possiamo apprezzare meglio i progressi compiuti e al contempo esaminare criticamente dove il sistema continua a essere carente.

Mentre andiamo avanti, è essenziale tenere a mente che la storia delle case di riposo è ben lungi dall'essere finita. Le sfide che affrontiamo oggi daranno forma al prossimo capitolo di questa continua evoluzione, che si spera porti a un'assistenza ancora migliore e più compassionevole per i nostri cittadini anziani in futuro.

CHIAMATA ALL'AZIONE

- Fai una ricerca sulla storia delle case di riposo nella tua zona e crea una cronologia da condividere con la tua comunità.
- Visita una casa di riposo locale e intervista i residenti di lunga data sulle loro esperienze nel corso degli anni.

- Organizzare un evento comunitario per discutere l'evoluzione dell'assistenza agli anziani e fare brainstorming su possibili miglioramenti futuri.

Condividi la tua opinione su Amazon!

La tua recensione è utile:

- Sensibilizzare sul tema degli abusi sugli anziani nelle case di riposo
- Sostieni gli autori indipendenti che affrontano questioni sociali cruciali
- Incoraggiare più ricerca e azioni sulla riforma dell'assistenza agli anziani

Come lasciare una recensione:

- Vai alla pagina Amazon del libro
- Fai clic su "Scrivi una recensione cliente"
- Condividi i tuoi pensieri e le tue esperienze sincere
- Fai clic su Invia

Se hai trovato utile questo libro, ti preghiamo di lasciare una recensione a 5 stelle!

Il tuo supporto aiuta ad alimentare ulteriori indagini sui problemi dell'assistenza agli anziani e promuove un cambiamento positivo nelle nostre case di riposo. Condividendo i tuoi pensieri, dai voce a coloro che spesso non vengono ascoltati e contribuisci a un movimento per la dignità e il rispetto per i nostri anziani.

Insieme possiamo fare la differenza nella vita dei nostri anziani.

Questa versione mantiene la struttura e lo scopo del testo originale, adattando il contenuto per adattarlo al tema del tuo libro sugli abusi sugli anziani nelle case di riposo. Sottolinea l'importanza di sensibilizzare sul tema degli abusi sugli anziani e incoraggia i lettori a contribuire a un cambiamento positivo attraverso le loro recensioni.

CAPITOLO 2

GLI SCANDALI SVELATI

Negli ultimi anni, una serie di sconvolgenti rivelazioni hanno portato il problema degli abusi sugli anziani nelle case di riposo alla ribalta della coscienza pubblica. Questi scandali, scoperti attraverso scrupolose indagini giornalistiche e coraggiose testimonianze di vittime e delle loro famiglie, hanno esposto un lato oscuro del sistema di assistenza agli anziani che molti avevano preferito ignorare.

Questo capitolo approfondisce queste rivelazioni, gettando luce sui problemi sistemici che affliggono molte case di riposo e strutture di assistenza a lungo termine.

Esploreremo come il giornalismo investigativo abbia svolto un ruolo cruciale nell'esporre questi abusi, esamineremo le strazianti testimonianze di coloro che hanno sofferto e analizzeremo le risposte spesso inadeguate delle autorità e delle strutture di assistenza.

Al centro di questo capitolo c'è una domanda fondamentale: come è possibile che abusi così diffusi si verifichino in istituzioni destinate a prendersi cura dei membri più vulnerabili della società? Esaminando questi scandali in dettaglio, miriamo non solo a esporre la realtà orribile affrontata da molti residenti anziani, ma anche a comprendere i fallimenti sistemici che consentono a tali abusi di persistere.

È importante notare che, sebbene questo capitolo tratti di contenuti angoscianti, il suo scopo non è quello di creare sensazionalismo, ma di informare e galvanizzare l'azione. Comprendendo la piena portata del problema, possiamo iniziare a formulare soluzioni efficaci e lavorare per un futuro in cui la nostra popolazione anziana riceva le cure e il rispetto che merita.

Indagini giornalistiche

"Les Fossoyeurs " di Victor Castanet

Una delle più significative denunce degli ultimi anni è stata quella del libro del giornalista francese Victor Castanet "Les Fossoyeurs " (I becchini), pubblicato nel 2022. Questa rivoluzionaria inchiesta ha sconvolto la società francese e non solo, rivelando abusi e negligenze diffuse nel più grande gruppo di case di cura private della Francia, Orpea .

L'indagine triennale di Castanet ha scoperto un sistema in cui il profitto era prioritario rispetto al benessere dei residenti. Le principali scoperte includevano:

1. **Razionamento delle cure** : l'indagine ha rivelato che i beni di prima necessità, tra cui cibo e prodotti per l'igiene, erano rigorosamente razionati per ridurre i costi, lasciando spesso i residenti malnutriti e in condizioni igieniche precarie.

2. **Problemi di personale** : il libro ha denunciato la cronica carenza di personale e gli elevati tassi di turnover, che portano a un'assistenza inadeguata per i residenti.

3. **Malversazioni finanziarie** : Castanet ha scoperto prove di irregolarità finanziarie, tra cui l'uso improprio di fondi pubblici destinati all'assistenza dei residenti.

4. **Insabbiamento dei decessi** : forse la cosa più inquietante è che l'indagine ha evidenziato come alcuni decessi dovuti a negligenza siano stati insabbiati o riportati in modo errato.

La pubblicazione di "Les Fossoyeurs " ebbe conseguenze immediate e di vasta portata. Portò a un forte calo del prezzo delle azioni di Orpea , innescò indagini governative e accese un dibattito nazionale sulla qualità dell'assistenza agli anziani in Francia.

Altre indagini degne di nota

Sebbene "Les Fossoyeurs " si distingua per la sua natura e il suo impatto esaustivi, è ben lungi dall'essere l'unica inchiesta giornalistica a svelare abusi nelle case di riposo. Altre indagini degne di nota includono:

1. **" Maison de Retraite " (2018)** : questo documentario televisivo francese ha utilizzato telecamere nascoste per denunciare la negligenza e gli abusi in diverse case di cura in tutta la Francia.
2. **"Care Home Undercover" di BBC Panorama (2019)** : nel Regno Unito, questa inchiesta ha rivelato abusi scioccanti in una casa di cura nella contea di Durham, tra cui derisioni e bullismo da

parte del personale nei confronti dei residenti affetti da demenza.

3. **"Dirty Business" della rivista Stern Magazine (2019)** : questa indagine tedesca ha evidenziato problemi sistemici nelle case di cura private, tra cui la carenza di personale e la negligenza nei confronti dei residenti.

Queste indagini, insieme a molte altre, hanno svolto un ruolo cruciale nel portare all'attenzione dell'opinione pubblica il problema degli abusi sugli anziani e nel sollecitare richieste di riforma.

Testimonianze di vittime e famiglie

Mentre le inchieste giornalistiche forniscono un'ampia panoramica dei problemi sistemici, sono le testimonianze personali delle vittime e delle loro famiglie a far comprendere davvero il costo umano dell'abuso degli anziani. Queste storie mettono volti e nomi alle

statistiche, rendendo impossibile ignorare la realtà dell'abuso.

La storia di Justina

Justina , una residente di 87 anni di una casa di cura a Lione, ha sofferto in silenzio per mesi prima che sua figlia notasse che qualcosa non andava. "La mamma sembrava sempre ansiosa quando andavamo a trovarla", ha raccontato sua figlia. "Ha perso peso, ha sviluppato piaghe da decubito e sembrava sussultare quando il personale si avvicinava a lei".

Solo quando la figlia di Justina ha installato una telecamera nascosta nella sua stanza, la portata dell'abuso è diventata chiara. Il filmato mostrava il personale che trattava Justina in modo rude , ignorando le sue richieste di aiuto e lasciandola con i vestiti sporchi per ore.

La lotta della famiglia Dubois

L'esperienza della famiglia Dubois mette in luce la lotta che molte famiglie affrontano per ottenere giustizia per i propri cari. Dopo che il padre, Pierre, è morto in una casa di cura, hanno notato dei lividi sospetti sul suo corpo. Nonostante le loro preoccupazioni, la casa ha insistito sul fatto che si trattava di normali segni di invecchiamento.

Ci sono voluti mesi di perseveranza, tra cui l'assunzione di un investigatore privato e il mobilitazione di altre famiglie, prima che le autorità prendessero sul serio le loro denunce. L'indagine successiva ha rivelato un modello di negligenza e abusi fisici in casa.

Testimonianze anonime

Molte vittime e famiglie scelgono di rimanere anonime, temendo ritorsioni o stigmatizzazione. Tuttavia, le loro storie non sono meno potenti:

- *"La trattavano come se non fosse più nemmeno umana", ha detto un figlio del trattamento riservato alla madre. "Era come se si fossero dimenticati che erano persone con una vita e una famiglia che li amava".*

- *Un'ex infermiera che ha parlato in forma anonima ha descritto le condizioni impossibili: "Eravamo così a corto di personale che era impossibile fornire cure adeguate. Me ne sono andata perché non potevo più sopportare il senso di colpa".*

Queste testimonianze, e innumerevoli altre simili, dipingono il quadro di un sistema in cui la dignità e il benessere degli anziani vengono spesso sacrificati in nome della convenienza o del profitto.

Reazioni delle autorità e delle istituzioni

Le rivelazioni di abusi nelle case di riposo hanno suscitato una serie di risposte da parte delle autorità e delle strutture stesse. Tali

reazioni sono variate da promesse di riforma a negazioni e tentativi di minimizzare i problemi.

Risposta del governo

In Francia, le rivelazioni di "Les Fossoyeurs " hanno spinto il governo ad agire immediatamente:

1. **Indagini** : il governo ha avviato indagini ufficiali su Orpea e altri importanti gruppi di case di cura.
2. **Modifiche normative** : sono state promesse di rafforzare la supervisione delle case di cura, anche tramite ispezioni più frequenti e approfondite.
3. **Revisione dei finanziamenti** : il governo si è impegnato a rivedere il modo in cui vengono assegnati e monitorati i fondi pubblici per l'assistenza agli anziani.

Modelli simili sono stati osservati in altri Paesi in seguito a scandali importanti, con i governi che spesso hanno promesso normative

più severe e maggiori finanziamenti per l'assistenza agli anziani.

Reazione dell'industria

La reazione del settore delle case di cura è stata contrastante:

1. **Negazione e minimizzazione** : alcune strutture hanno tentato di minimizzare la portata dei problemi, definendo gli abusi denunciati come incidenti isolati.

2. **Promesse di riforma** : molti gruppi di case di cura si sono impegnati pubblicamente a migliorare le proprie pratiche, anche attraverso una migliore formazione del personale e una rendicontazione più trasparente.

3. **Atteggiamento difensivo** : alcuni rappresentanti del settore hanno indicato come cause profonde problemi sistemici, come la mancanza di finanziamenti e la carenza di personale, sostenendo che non dovrebbero essere attribuite tutte le colpe alle singole famiglie.

Proteste pubbliche e risposta della società civile

Gli scandali hanno mobilitato anche la società civile:

1. **Gruppi di difesa dei diritti** : le organizzazioni per i diritti degli anziani hanno utilizzato queste rivelazioni per chiedere maggiori tutele per gli ospiti delle case di cura.
2. **Azione legale** : in molti casi, le denunce hanno portato ad azioni legali collettive contro i gruppi di case di cura.
3. **Sensibilizzazione dell'opinione pubblica** : si è registrato un notevole incremento del dibattito pubblico sull'assistenza agli anziani, con molti che chiedono un ripensamento radicale del modo in cui la società si prende cura della popolazione anziana.

Gli scandali rivelati attraverso inchieste giornalistiche e testimonianze personali hanno messo a nudo l'urgente necessità di riformare il sistema di assistenza agli anziani. Hanno dimostrato che gli abusi e la negligenza nelle case di riposo non sono incidenti isolati, ma sintomi di problemi sistemici più profondi.

Queste rivelazioni servono come un invito all'azione. Ci sfidano a confrontarci con le scomode verità su come la nostra società tratta i suoi membri più vulnerabili e a lavorare per creare un sistema in cui dignità, rispetto e cure di qualità siano garantiti per tutti gli anziani.

Mentre andiamo avanti, è fondamentale non permettere a queste storie di svanire dalla coscienza pubblica. Il coraggio di giornalisti, whistleblower e famiglie nel portare alla luce questi abusi deve essere accompagnato da uno sforzo continuo per attuare un cambiamento significativo. Solo allora potremo sperare di creare un futuro in cui la nostra popolazione anziana riceva le cure e il rispetto che merita.

<u>CHIAMATA ALL'AZIONE</u>

- Scrivete ai vostri rappresentanti locali, chiedendo quali misure stanno adottando

per prevenire gli abusi sugli anziani nelle case di riposo.

- Condividi sui social media resoconti investigativi autorevoli per sensibilizzare l'opinione pubblica sugli scandali di abusi sugli anziani.
- Avvia un club del libro o un gruppo di discussione incentrato su articoli di giornalismo investigativo sui problemi dell'assistenza agli anziani.

Condividi la tua opinione su Amazon!

La tua recensione è utile:

- Sensibilizzare sul tema degli abusi sugli anziani nelle case di riposo
- Sostieni gli autori indipendenti che affrontano questioni sociali cruciali
- Incoraggiare più ricerca e azioni sulla riforma dell'assistenza agli anziani

Come lasciare una recensione:

- Vai alla pagina Amazon del libro
- Fai clic su "Scrivi una recensione cliente"
- Condividi i tuoi pensieri e le tue esperienze sincere
- Fai clic su Invia

Se hai trovato utile questo libro, ti preghiamo di lasciare una recensione a 5 stelle!

Il tuo supporto aiuta ad alimentare ulteriori indagini sui problemi dell'assistenza agli anziani e promuove un cambiamento positivo nelle nostre case di riposo. Condividendo i tuoi pensieri, dai voce a coloro che spesso non vengono ascoltati e contribuisci a un movimento per la dignità e il rispetto per i nostri anziani.

Insieme possiamo fare la differenza nella vita dei nostri anziani.

Questa versione mantiene la struttura e lo scopo del testo originale, adattando il contenuto per adattarlo al tema del tuo libro sugli abusi sugli anziani nelle case di riposo. Sottolinea l'importanza di sensibilizzare sul tema degli abusi sugli anziani e incoraggia i lettori a contribuire a un cambiamento positivo attraverso le loro recensioni.

CAPITOLO 3

TIPI DI ABUSO

L'abuso degli anziani nelle case di riposo è un problema complesso e sfaccettato che si manifesta in varie forme. Comprendere questi diversi tipi di abuso è fondamentale per identificare, prevenire e affrontare i maltrattamenti degli anziani. Questo capitolo approfondirà quattro categorie principali di abuso comunemente riscontrate nelle case di riposo: abuso fisico, abuso psicologico, negligenza e abbandono e abuso finanziario.

È importante notare che queste categorie non si escludono a vicenda. In molti casi, una persona anziana può subire più forme di abuso contemporaneamente, aggravando il trauma e l'impatto negativo sul suo benessere . Inoltre, ciò che potrebbe iniziare come una forma di

abuso può spesso degenerare o portare ad altri tipi di maltrattamento.

Mentre esploriamo ogni tipo di abuso, faremo quanto segue:

1. Definire e descrivere la categoria di abuso
2. Fornire esempi di come si manifesta in contesti di case di riposo
3. Discutere i segni e i sintomi che possono indicare che si sta verificando questo tipo di abuso
4. Esaminare i potenziali impatti a breve e lungo termine sulle vittime anziane

Acquisendo una conoscenza approfondita di queste diverse forme di abuso, possiamo attrezzarci meglio per riconoscere i segnali di allarme, difendere i diritti degli anziani e impegnarci per creare ambienti più sicuri e dignitosi per la nostra popolazione anziana.

Abuso fisico

L'abuso fisico è forse la forma di maltrattamento degli anziani più immediatamente riconoscibile. Comporta l'uso della forza fisica che può causare lesioni corporali, dolore fisico o menomazione.

Definizione ed esempi

L'abuso fisico nelle case di riposo può assumere molte forme, tra cui:

1. Colpire, schiaffeggiare o spingere
2. Uso improprio di misure di contenzione (fisiche o chimiche)
3. Alimentazione forzata

4. Manipolazione brusca durante le routine di cura
5. Somministrazione inappropriata di farmaci (somministrazione eccessiva di farmaci o sospensione di farmaci necessari)

Segni e sintomi

Gli indicatori di abuso fisico possono includere:

1. Lividi, pomfi o cicatrici inspiegabili
2. Ossa rotte o distorsioni
3. Ustioni o abrasioni
4. Segnali di costrizione su polsi o caviglie
5. Occhiali o montature rotte
6. Paura nei confronti di alcuni membri dello staff
7. Cambiamenti improvvisi nel comportamento o nello stato emotive

Impatto sulle vittime

Gli effetti dell'abuso fisico possono essere gravi e duraturi:

1. Lesioni fisiche e dolore cronico
2. Diminuzione della mobilità e dell'indipendenza
3. Aumento del rischio di futuri problemi di salute
4. Trauma psicologico, tra cui depressione e ansia
5. Aumento del rischio di mortalità

Caso di studio: la storia di Robert

Robert, un residente di 82 anni con demenza in fase iniziale, ha iniziato a mostrare lividi inspiegabili su braccia e torso. Sua figlia ha notato che diventava agitato quando alcuni membri dello staff entravano nella sua stanza. Un'indagine ha rivelato che un lavoratore del turno di notte oberato di lavoro e frustrato aveva trattato male Robert durante le routine di assistenza notturna. L'abuso fisico aveva esacerbato la confusione e l'ansia di Robert,

influenzando significativamente la sua qualità di vita.

Abuso psicologico

L'abuso psicologico o emotivo può essere più difficile da individuare rispetto all'abuso fisico, ma può essere ugualmente dannoso per il benessere di una persona anziana.

Definizione ed esempi

L'abuso psicologico comporta l'infliggere dolore mentale, angoscia o disagio attraverso atti verbali o non verbali. Nelle case di riposo, questo può includere:

1. Aggressione verbale, insulti o umiliazioni
2. Intimidazione o minacce
3. Isolamento da amici, famiglia o attività regolari
4. Ignorare l'anziano o riservargli il "trattamento del silenzio"
5. Comportamento infantilizzante (trattare l'anziano come un bambino)

Segni e sintomi

Gli indicatori di abuso psicologico possono includere:

1. Cambiamenti inspiegabili o atipici nel comportamento
2. Ritiro dalle interazioni sociali
3. Depressione o ansia
4. Paura o agitazione
5. Perdita di interesse per le attività che prima si apprezzavano
6. Bassa autostima o autostima
7. Disturbi del sonno

Impatto sulle vittime

Gli effetti dell'abuso psicologico possono essere profondi e duraturi:

1. Diminuzione della funzione cognitiva
2. Aumento del rischio di depressione e disturbi d'ansia
3. Ritiro sociale e isolamento

4. Aumento del rischio di problemi di salute fisica
5. Perdita di autostima e senso di identità
6. Nei casi gravi, aumento del rischio di suicidio

Caso di studio: l'esperienza di Maria

Maria, una residente di 75 anni, è diventata sempre più introversa e si è rifiutata di partecipare alle attività sociali. La sua famiglia ha notato che sembrava spaventata e ansiosa. È stato scoperto che un membro dello staff aveva costantemente sminuito Maria, prendendo in giro il suo accento e minacciando di negarle le cure se si fosse lamentata. L'abuso psicologico aveva avuto un impatto grave sulla salute mentale e sulla qualità della vita di Maria.

Negligenza e abbandono

La negligenza è una delle forme più comuni di abuso degli anziani nelle case di riposo, spesso dovuta a problemi sistemici come carenza di personale o scarsa formazione.

Definizione ed esempi

La negligenza implica la mancata fornitura dei bisogni fondamentali di una persona anziana. Ciò può includere:

1. Mancata fornitura di cibo o acqua adeguati
2. Trascurare le esigenze di igiene personale
3. Mancata fornitura di farmaci o cure mediche necessarie
4. Lasciare una persona in condizioni di vita non igieniche o non sicure
5. Mancata prevenzione delle piaghe da decubito o mancata attenzione ad altre esigenze mediche

L'abbandono, una forma estrema di negligenza, comporta l'abbandono di una persona anziana da parte di un individuo che si è assunto la responsabilità della sua cura.

Segni e sintomi

Gli indicatori di negligenza o abbandono possono includere:

1. Malnutrizione o disidratazione
2. Condizioni mediche non trattate
3. Scarsa igiene personale
4. Condizioni di vita non igieniche o non sicure
5. Abbigliamento non adatto alle condizioni meteo
6. Piaghe da decubito o altri segni di cure improprie
7. Segnali di astinenza o depressione

Impatto sulle vittime

Gli effetti della negligenza e dell'abbandono possono essere gravi:

1. Malnutrizione e problemi di salute correlati
2. Peggioramento delle condizioni mediche esistenti
3. Sviluppo di nuovi problemi di salute
4. Aumento del rischio di cadute e lesioni
5. Disagio psicologico, tra cui depressione e ansia

6. Nei casi gravi, aumento del rischio di mortalità

Caso di studio: la difficile situazione di James

James, un residente di 88 anni con mobilità limitata, ha sviluppato gravi piaghe da decubito e ha mostrato segni di malnutrizione. Le indagini hanno rivelato una carenza cronica di personale nella struttura, con il risultato che residenti come James non ricevevano cure adeguate, riposizionamenti regolari o nutrizione adeguata. La negligenza aveva avuto un impatto grave sulla salute e sulla qualità della vita di James, richiedendo il ricovero ospedaliero e cure intensive.

Abuso finanziario

Gli abusi finanziari rappresentano un problema sempre più diffuso nelle case di riposo e spesso vanno di pari passo con altre forme di abuso.

Definizione ed esempi

L'abuso finanziario riguarda l'uso illegale o improprio dei fondi, delle proprietà o dei beni di una persona anziana. Nelle case di riposo, questo può includere:

1. Furto di denaro o oggetti di valore
2. Falsificazione della firma di una persona anziana
3. Costringere o ingannare una persona anziana a firmare documenti (ad esempio contratti o testamenti)
4. Uso improprio della procura
5. Addebito di servizi non forniti o addebito eccessivo di servizi
6. Utilizzare i fondi di una persona anziana per il beneficio del personale o della struttura senza autorizzazione

Segni e sintomi

Gli indicatori di abuso finanziario possono includere:

1. Prelievi inspiegabili dai conti bancari
2. Mancano oggetti personali o di valore
3. Cambiamenti improvvisi nelle condizioni finanziarie
4. Modifiche inaspettate ai testamenti o ad altri documenti finanziari
5. Fatture non pagate nonostante risorse finanziarie adeguate
6. Ansia per le finanze personali
7. Firme su documenti che sembrano falsificati o sospetti

Impatto sulle vittime

Gli effetti dell'abuso finanziario possono essere devastanti:

1. Perdita di sicurezza finanziaria e indipendenza
2. Impossibilità di permettersi le cure necessarie o di migliorare la qualità della vita
3. Disagio psicologico, tra cui depressione e ansia

4. Maggiore vulnerabilità ad altre forme di abuso
5. Perdita di fiducia nei caregiver e nelle istituzioni

Caso di studio: lo sfruttamento di Eleanor

Eleanor, una residente di 79 anni con lieve compromissione cognitiva, si è accorta che i suoi gioielli erano spariti. Anche suo figlio ha trovato prelievi bancari insoliti. Un'indagine ha scoperto un membro dello staff che aveva derubato Eleanor e altri residenti, oltre a costringerli a cambiare i loro dati bancari. L' abuso finanziario non aveva solo avuto un impatto sulla sicurezza finanziaria di Eleanor, ma anche sulla sua fiducia nella casa di cura e nel suo personale.

Comprendere questi diversi tipi di abuso - fisico, psicologico, negligenza e abbandono, e finanziario - è fondamentale per affrontare il problema più ampio dell'abuso degli anziani nelle case di riposo. Ogni forma di abuso ha le

sue caratteristiche, segnali e impatti unici, ma tutti condividono il filo conduttore della violazione della dignità, della sicurezza e del benessere degli anziani.

È importante ricordare che questi tipi di abuso spesso si verificano contemporaneamente e possono esacerbarsi a vicenda. Ad esempio, una persona anziana che subisce abusi finanziari potrebbe essere più vulnerabile alla negligenza se non può permettersi cure adeguate, oppure qualcuno che subisce abusi psicologici potrebbe essere meno propenso a denunciare maltrattamenti fisici.

Riconoscere i segnali di queste varie forme di abuso è il primo passo per affrontare questo problema critico. Ciò consente ai familiari, ai caregiver e alla comunità più ampia di identificare potenziali abusi e di agire. Inoltre, comprendere la natura multiforme dell'abuso degli anziani evidenzia la necessità di approcci completi alla prevenzione e all'intervento.

Mentre andiamo avanti, è fondamentale usare questa conoscenza per informare le politiche, i programmi di formazione e i sistemi di supporto nelle case di riposo. Facendo così, possiamo lavorare per creare ambienti in cui tutte le forme di abuso siano riconosciute, prevenute e affrontate rapidamente, assicurando che la nostra popolazione anziana riceva le cure, il rispetto e la dignità che merita.

<u>CHIAMATA ALL'AZIONE</u>

- Impara a riconoscere i segnali dei diversi tipi di abuso sugli anziani e condividi questa conoscenza con amici e familiari.
- Fai volontariato presso un'organizzazione locale per i diritti degli anziani per aiutare a sensibilizzare gli altri su questi temi.
- Crea e distribuisci opuscoli informativi sugli abusi agli anziani nella tua comunità.

Condividi la tua opinione su Amazon!

La tua recensione è utile:

- Sensibilizzare sul tema degli abusi sugli anziani nelle case di riposo

- Sostieni gli autori indipendenti che affrontano questioni sociali cruciali
- Incoraggiare più ricerca e azioni sulla riforma dell'assistenza agli anziani

Come lasciare una recensione:

- Vai alla pagina Amazon del libro
- Fai clic su "Scrivi una recensione cliente"
- Condividi i tuoi pensieri e le tue esperienze sincere
- Fai clic su Invia

Se hai trovato utile questo libro, ti preghiamo di lasciare una recensione a 5 stelle!

Il tuo supporto aiuta ad alimentare ulteriori indagini sui problemi dell'assistenza agli anziani e promuove un cambiamento positivo nelle nostre case di riposo. Condividendo i tuoi pensieri, dai voce a coloro che spesso non vengono ascoltati e contribuisci a un movimento per la dignità e il rispetto per i nostri anziani.

Insieme possiamo fare la differenza nella vita dei nostri anziani.

Questa versione mantiene la struttura e lo scopo del testo originale, adattando il contenuto per adattarlo al tema del tuo libro sugli abusi sugli anziani nelle case di riposo. Sottolinea l'importanza di sensibilizzare sul tema degli abusi sugli anziani e incoraggia i lettori a contribuire a un cambiamento positivo attraverso le loro recensioni.

CAPITOLO 4

FATTORI CONTRIBUENTI

L'abuso e la negligenza nei confronti degli anziani residenti nelle case di riposo, per quanto angoscianti, raramente si verificano in modo isolato. Piuttosto, sono spesso il risultato di una complessa interazione di problemi sistemici che creano un ambiente in cui l'abuso può verificarsi e persistere. Comprendere questi fattori contribuenti è fondamentale per affrontare le cause profonde dell'abuso degli anziani e sviluppare efficaci strategie di prevenzione.

In questo capitolo discuteremo i tre principali fattori che contribuiscono agli abusi sugli anziani nelle case di riposo:

1. Mancanza di personale e formazione insufficiente
2. Pressioni finanziarie e ricerca del profitto
3. Problemi di gestione e supervisione

Esaminando questi fattori in profondità, possiamo iniziare a capire perché l'abuso avviene nonostante le migliori intenzioni di molti nel settore dell'assistenza agli anziani. Questa comprensione è fondamentale per sviluppare soluzioni complete che affrontino non solo i sintomi dell'abuso, ma anche le sue cause sottostanti.

È importante notare che, sebbene questi fattori possano contribuire a creare un ambiente in cui è più probabile che si verifichino abusi, non scusano o giustificano comportamenti abusivi. Piuttosto, riconoscere questi problemi sistemici ci consente di andare oltre il semplice dare la colpa agli individui e di creare un cambiamento significativo e duraturo nel sistema di assistenza agli anziani.

Mancanza di personale e formazione insufficiente

Uno dei fattori più significativi che contribuiscono all'abuso degli anziani nelle case di riposo è la carenza cronica di personale e la formazione inadeguata degli assistenti. Questo problema ha conseguenze di vasta portata, che incidono sulla qualità dell'assistenza fornita e aumentano il rischio di abuso e negligenza.

Carenza di personale

La carenza di personale nelle case di riposo è un problema diffuso in molti paesi. Le ragioni sono molteplici:

1. **Elevati tassi di turnover** : la natura impegnativa del lavoro, unita a stipendi spesso bassi e condizioni di lavoro difficili, porta a un elevato turnover del personale. Ciò crea un ciclo costante di assunzione e formazione di nuovo personale, che può essere costoso e richiedere molto tempo.

2. **Limitazioni di bilancio** : molte strutture, in particolare quelle che dipendono da finanziamenti pubblici, operano con budget limitati che limitano la loro capacità di assumere e mantenere personale adeguato.

3. **Domanda crescente** : con l'invecchiamento della popolazione, la domanda di servizi di assistenza agli anziani è in aumento, spesso superando la crescita della forza lavoro nel settore dell'assistenza.

4. **Ambiente di lavoro impegnativo** : le esigenze fisiche ed emotive del lavoro di assistenza possono rendere difficile attrarre e trattenere il personale, soprattutto in un mercato del lavoro competitivo.

Le conseguenze della carenza di personale sono gravi:

- **Carico di lavoro aumentato** : con meno membri dello staff, ogni assistente è responsabile di più residenti. Ciò può portare a cure affrettate, compiti persi e maggiore stress sia per gli assistenti che per i residenti.

- **Burnout** : i dipendenti oberati di lavoro hanno maggiori probabilità di soffrire di burnout, che può portare a irritabilità, diminuzione dell'empatia e, in alcuni casi, comportamenti violenti.

- **Negligenza** : quando non ci sono abbastanza membri dello staff per soddisfare tutte le esigenze dei residenti, può verificarsi negligenza involontaria. Ciò potrebbe comportare ritardi nella risposta alle chiamate di assistenza, cure

personali inadeguate o esigenze mediche trascurate.

- **Aumento del rischio di errori** : il personale oberato di lavoro e stressato è più incline a commettere errori, che possono variare da piccole sviste a gravi errori medici.

Caso di studio: la crisi del turno di notte

In una casa di riposo di medie dimensioni in Ontario, Canada, la carenza cronica di personale ha portato a una crisi durante i turni di notte. Con solo due membri del personale responsabili di 60 residenti, molti dei quali necessitavano di regolare assistenza notturna, è diventato impossibile soddisfare le esigenze di tutti i residenti. Ciò ha comportato che i residenti venissero lasciati con biancheria da letto sporca, mancassero le dosi dei farmaci e aumentassero gli incidenti di caduta mentre i residenti cercavano di prendersi cura delle proprie esigenze senza assistenza.

Formazione insufficiente

Anche quando i livelli di personale sono adeguati, una formazione insufficiente può portare ad abusi o negligenze involontari. I problemi principali includono:

1. **Mancanza di conoscenze specialistiche** : prendersi cura di persone anziane, in particolare quelle con condizioni mediche complesse o deficit cognitivi, richiede conoscenze e competenze specialistiche. Senza una formazione adeguata, il personale potrebbe non sapere come gestire correttamente situazioni difficili o fornire cure appropriate.

2. **Preparazione inadeguata per le sfide emotive** : l'assistenza agli anziani può essere emotivamente impegnativa. Senza una formazione adeguata nella gestione dello stress e nella resilienza emotiva, i caregiver potrebbero avere difficoltà a mantenere i confini professionali e un comportamento appropriato.

3. **Scarsa attenzione alla prevenzione degli abusi** : molti programmi di formazione

non affrontano adeguatamente il problema degli abusi sugli anziani, lasciando il personale impreparato a riconoscere e denunciare potenziali abusi.

4. **Mancanza di competenza culturale** : poiché la popolazione diventa più diversificata, molti membri dello staff non hanno una formazione adeguata in materia di competenza culturale, il che porta a incomprensioni o a una mancanza involontaria di rispetto delle pratiche e delle credenze culturali dei residenti.

5. **Preparazione incompleta alle emergenze** : una formazione insufficiente sulle procedure di emergenza può portare al caos e a potenziali danni per i residenti durante le situazioni di crisi.

Gli impatti di una formazione insufficiente possono essere di vasta portata:

- **Abuso involontario** : il personale privo di una formazione adeguata può inavvertitamente causare danni nel tentativo di fornire assistenza, ad esempio utilizzando tecniche di sollevamento

improprie o maltrattando i residenti con disabilità cognitive.

- **Incapacità di riconoscere gli abusi** : senza una formazione adeguata, il personale potrebbe non riuscire a riconoscere i segnali di abusi perpetrati da altri, consentendo che tali abusi continuino senza controllo.

- **Scarsa qualità dell'assistenza** : personale non adeguatamente formato può fornire un'assistenza scadente, con un impatto negativo sulla salute e sulla qualità della vita dei residenti.

- **Aumento dello stress e del burnout** : il personale che si sente impreparato per i propri ruoli è più soggetto a stress e burnout, che potrebbero portare a comportamenti abusivi.

Caso di studio: il divario nell'assistenza alla demenza

Una casa di riposo in Florida, specializzata nell'assistenza alla demenza, ha dovuto affrontare una serie di incidenti in cui i residenti con demenza avanzata venivano

sottoposti a contenzione chimica a causa di comportamenti aggressivi. Un'indagine ha rivelato che la maggior parte del personale aveva ricevuto solo una formazione di base sull'assistenza alla demenza, il che li ha lasciati impreparati a gestire comportamenti difficili senza ricorrere ai farmaci. Questa mancanza di formazione specializzata aveva portato a un eccessivo affidamento sulla contenzione chimica, con un impatto negativo sulla qualità della vita e sulle funzioni cognitive dei residenti.

Pressioni finanziarie e ricerca del profitto

Il settore dell'assistenza agli anziani, in particolare nei paesi con sistemi privatizzati, spesso affronta forti pressioni finanziarie. Mentre la necessità di mantenere la sostenibilità finanziaria è comprensibile, un'eccessiva enfasi sul profitto può portare a decisioni che danno priorità al taglio dei costi rispetto alla qualità dell'assistenza,

contribuendo potenzialmente a situazioni di abuso o negligenza.

L'ascesa dell'assistenza sanitaria a scopo di lucro

In molti paesi, c'è stata una tendenza verso la privatizzazione dell'assistenza agli anziani, con le aziende a scopo di lucro che svolgono un ruolo sempre più importante nel settore. Mentre questo può portare efficienza e innovazione, introduce anche nuove pressioni:

1. **Margini di profitto** : le strutture a scopo di lucro subiscono pressioni da parte degli azionisti o dei proprietari affinché mantengano o aumentino i margini di profitto, il che può portare a misure di riduzione dei costi che incidono sulla qualità dell'assistenza.
2. **Concorrenza di mercato** : in un mercato competitivo, le strutture potrebbero sentirsi sotto pressione per mantenere bassi i costi per attrarre residenti, il che potrebbe portare a sottoinvestimenti in personale e risorse.

3. **Economie di scala** : le grandi catene potrebbero dare priorità alla standardizzazione e all'efficienza rispetto all'assistenza personalizzata per massimizzare i profitti in più strutture.

L'impatto di queste pressioni finanziarie può manifestarsi in vari modi:

- **Carenza di personale** : per ridurre i costi di manodopera, le strutture potrebbero operare con personale minimo, aumentando il rischio di negligenza e di esaurimento.

- **Scarso investimento nella formazione** : i programmi di formazione completi possono essere costosi e le strutture sotto pressione finanziaria potrebbero optare per una formazione minima per tagliare i costi.

- **Ridurre i costi dell'assistenza** : ciò potrebbe comportare il razionamento delle forniture, la riduzione della qualità del cibo o il ritardo della necessaria manutenzione o degli ammodernamenti delle strutture.

- **Pressione sul personale** : il personale potrebbe subire pressioni per lavorare più velocemente o assumersi maggiori responsabilità senza una retribuzione aggiuntiva, il che potrebbe portare a cure affrettate o inadeguate.

Caso di studio: lo scandalo Orpea

L'indagine sul Gruppo Orpea , uno dei maggiori fornitori di assistenza agli anziani in Europa, ha rivelato come la ricerca del profitto potrebbe compromettere la qualità dell'assistenza. Si è scoperto che l'azienda stava razionando articoli essenziali per l'assistenza, tra cui cibo e prodotti per l'igiene, per tagliare i costi e aumentare i profitti. Questa sistematica priorità del guadagno finanziario rispetto al benessere dei residenti ha portato a una diffusa negligenza e a un'assistenza scadente in numerose strutture.

Sfide del finanziamento pubblico

Mentre le strutture a scopo di lucro affrontano pressioni particolari, le case finanziate con

fondi pubblici non sono immuni alle sfide finanziarie:

1. **Vincoli di bilancio** : le strutture finanziate dal governo spesso operano con budget limitati, il che può limitare la loro capacità di investire in personale, formazione e risorse.
2. **Aumento dei costi** : l'aumento dei costi dell'assistenza sanitaria, unito alla crescente complessità delle esigenze di cura man mano che le persone vivono più a lungo, mette a dura prova i bilanci fissi.
3. **Pressioni politiche** : il finanziamento dell'assistenza agli anziani può essere soggetto a capricci politici, con conseguente incertezza e potenziale sottofinanziamento.

Queste sfide possono portare a problemi simili a quelli che si verificano nelle case di cura a scopo di lucro, tra cui carenza di personale, formazione inadeguata e ambienti di cura non ottimali.

Problemi di gestione e supervisione

Anche con personale, formazione e finanziamenti adeguati, una cattiva gestione e supervisione possono creare un ambiente in cui l'abuso può verificarsi e persistere. I problemi principali includono:

Mancanza di supervisione

1. **Monitoraggio inadeguato** : senza un'adeguata supervisione, i comportamenti abusivi potrebbero passare inosservati o non essere controllati.
2. **Mancata gestione dei reclami** : una direzione che non prende sul serio i reclami dei residenti o dei familiari può permettere che situazioni di abuso continuino.
3. **Mancanza di responsabilità** : senza chiare strutture di responsabilità, il personale potrebbe non sentirsi obbligato a mantenere elevati standard di assistenza.

Scarsa cultura organizzativa

1. **Normalizzazione delle cure scadenti** : nelle strutture gestite male, le pratiche di cura scadenti possono diventare normali nel tempo.

2. **Mancanza di autonomia** : il personale che non si sente autorizzato a segnalare problemi o suggerire miglioramenti potrebbe diventare compiacente o disimpegnato.

3. **Dare priorità alle procedure rispetto alle persone** : una gestione che si concentra maggiormente sul rispetto delle procedure piuttosto che sul benessere dei residenti può inavvertitamente creare un ambiente in cui è più probabile che si verifichino abusi.

Leadership inefficace

1. **Mancanza di visione** : senza una visione chiara di un'assistenza di qualità, le strutture rischiano di scivolare verso la mediocrità o qualcosa di peggio.

2. **Scarsa comunicazione** : una comunicazione inefficace tra direzione, personale, residenti e famiglie può portare a incomprensioni e problemi non affrontati.

3. **Incapacità di dare il buon esempio** : quando la leadership non è un modello di assistenza rispettosa e incentrata sulla persona, è meno probabile che il personale dia priorità a questi valori.

Gli impatti di questi problemi di gestione e supervisione possono essere gravi:

- **Persistenza dell'abuso** : una scarsa supervisione può consentire che i comportamenti abusivi continuino senza controllo.

- **Basso morale del personale** : una cattiva gestione spesso porta a un basso morale del personale, il che può comportare una riduzione della qualità dell'assistenza e un aumento del rischio di comportamenti abusivi.

- **Elevato turnover** : una gestione inefficace spesso determina un elevato turnover del

personale, aggravando la carenza di personale e i problemi di formazione.

- **Resistenza al cambiamento** : una cultura organizzativa scadente può rendere difficile l'implementazione dei cambiamenti o dei miglioramenti necessari nelle pratiche di assistenza.

Caso di studio: la lotta del whistleblower

In una grande casa di riposo a Sydney, in Australia, un'infermiera ha ripetutamente sollevato preoccupazioni circa la gestione brusca dei residenti e gli errori di medicazione ai suoi supervisori. Le sue lamentele sono state costantemente minimizzate o ignorate. La mancanza di risposta da parte della direzione non solo ha permesso che l'abuso continuasse, ma ha anche creato una cultura in cui il personale riteneva che segnalare i problemi fosse inutile. Ciò ha portato a una diffusa sottostima degli incidenti e a un'accettazione pervasiva di pratiche di assistenza scadenti.

I fattori che contribuiscono all'abuso degli anziani nelle case di riposo (carenza di personale e formazione insufficiente, pressioni finanziarie e problemi di gestione e supervisione) sono complessi e spesso interconnessi. Affrontare questi problemi sistemici richiede un approccio multiforme che coinvolga cambiamenti di politica, maggiori finanziamenti, programmi di formazione migliorati e un cambiamento nel modo in cui la società valuta e dà priorità all'assistenza agli anziani.

È fondamentale riconoscere che, sebbene questi fattori possano creare un ambiente in cui è più probabile che si verifichino abusi, non scusano o giustificano comportamenti abusivi. La responsabilità individuale deve andare di pari passo con il cambiamento sistemico.

Mentre andiamo avanti, affrontare questi fattori contribuenti deve essere una priorità nei nostri sforzi per combattere l'abuso degli anziani. Affrontando questi problemi di fondo, possiamo creare ambienti in cui

un'assistenza di alta qualità e rispettosa è la norma e in cui la dignità e il benessere della nostra popolazione anziana sono veramente prioritari.

CHIAMATA ALL'AZIONE

- Promuovere migliori condizioni di lavoro e formazione per il personale delle case di riposo scrivendo ai responsabili delle strutture e ai decisori politici locali.
- Si consideri la possibilità di sostenere o avviare una petizione per migliorare il rapporto tra personale e strutture assistenziali.
- Organizzare un forum comunitario per discutere le cause profonde degli abusi sugli anziani e trovare soluzioni locali.

Condividi la tua opinione su Amazon!

La tua recensione è utile:

- Sensibilizzare sul tema degli abusi sugli anziani nelle case di riposo
- Sostieni gli autori indipendenti che affrontano questioni sociali cruciali
- Incoraggiare più ricerca e azioni sulla riforma dell'assistenza agli anziani

Come lasciare una recensione:

- Vai alla pagina Amazon del libro
- Fai clic su "Scrivi una recensione cliente"
- Condividi i tuoi pensieri e le tue esperienze sincere
- Fai clic su Invia

Se hai trovato utile questo libro, ti preghiamo di lasciare una recensione a 5 stelle!

Il tuo supporto aiuta ad alimentare ulteriori indagini sui problemi dell'assistenza agli anziani e promuove un cambiamento positivo nelle nostre case di riposo. Condividendo i tuoi pensieri, dai voce a coloro che spesso non vengono ascoltati e contribuisci a un movimento per la dignità e il rispetto per i nostri anziani.

Insieme possiamo fare la differenza nella vita dei nostri anziani.

Questa versione mantiene la struttura e lo scopo del testo originale, adattando il contenuto per adattarlo al tema del tuo libro sugli abusi sugli anziani nelle case di riposo. Sottolinea l'importanza di sensibilizzare

sull'abuso degli anziani e incoraggia i lettori a contribuire a un cambiamento positivo attraverso le loro recensioni.

CAPITOLO 5

CONSEGUENZE DELL'ABUSO

L'abuso degli anziani nelle case di riposo e nelle strutture di assistenza a lungo termine ha conseguenze di vasta portata che vanno oltre le vittime immediate. Questo capitolo esplora l'impatto multiforme dell'abuso sulla salute fisica e mentale dei residenti, i profondi effetti sulle loro famiglie e il pedaggio spesso trascurato sul personale sanitario. Comprendere queste conseguenze è fondamentale per comprendere la portata

completa di questo problema sociale e sviluppare interventi efficaci.

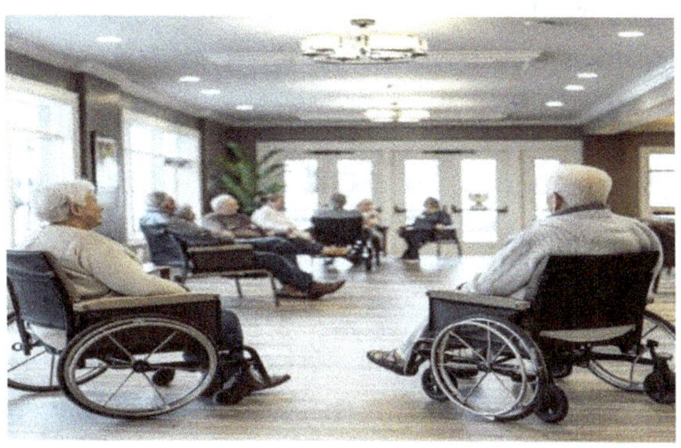

Impatto sulla salute fisica e mentale dei residenti

Gli effetti degli abusi sugli anziani sono spesso gravi e duraturi e compromettono sia il loro benessere fisico che mentale.

Conseguenze sulla salute fisica

1. **Lesioni e traumi fisici** : l'abuso fisico può causare una serie di lesioni, da contusioni e lacerazioni a traumi più gravi come fratture o lesioni interne. Queste lesioni sono particolarmente pericolose per gli

anziani, che potrebbero avere condizioni di salute preesistenti o una ridotta capacità di guarigione.

2. **Peggioramento delle condizioni di salute esistenti** : abuso e negligenza possono esacerbare i problemi di salute esistenti. Ad esempio, la mancata fornitura di farmaci o cure adeguate può portare al peggioramento di condizioni croniche come diabete, malattie cardiache o artrite.

3. **Malnutrizione e disidratazione** : la negligenza si manifesta spesso con un'alimentazione e un'idratazione inadeguate, che portano a perdita di peso, debolezza e maggiore suscettibilità a malattie e infezioni.

4. **Aumento del rischio di mortalità** : studi hanno dimostrato che le vittime di abusi sugli anziani hanno un tasso di mortalità significativamente più alto rispetto ai loro coetanei non abusati. Lo stress e il costo fisico degli abusi possono accorciare l'aspettativa di vita.

5. **Declino delle capacità funzionali** : l'abuso può accelerare la perdita di

indipendenza nelle attività quotidiane, portando a una maggiore fragilità e dipendenza.

Conseguenze sulla salute mentale

1. **Depressione e ansia** : l'abuso spesso porta allo sviluppo o al peggioramento di problemi di salute mentale. Sentimenti di impotenza, paura e tristezza sono comuni, e potenzialmente possono evolvere in depressione clinica o disturbi d'ansia.
2. **Disturbo da stress post-traumatico (PTSD)** : le vittime di abusi gravi o prolungati possono sviluppare il PTSD, sperimentando flashback, incubi e grave ansia correlati alle loro esperienze traumatiche.
3. **Declino cognitivo** : lo stress e il trauma associati all'abuso possono accelerare il declino cognitivo, aumentando potenzialmente il rischio o la progressione della demenza.
4. **Bassa autostima e amor proprio** : l'abuso emotivo o la negligenza costanti possono erodere il senso di autostima di un

individuo, portando a sentimenti di inutilità e vergogna.

5. **Ritiro sociale** : i residenti vittime di abusi possono isolarsi sempre di più, ritirandosi dalle interazioni sociali a causa della paura, della vergogna o della perdita di fiducia negli altri.

6. **Disturbi del sonno** : l'ansia e la paura derivanti dall'abuso possono portare all'insonnia o ad altri disturbi del sonno, con un impatto ulteriore sulla salute e sul benessere generale.

7. **Abuso di sostanze** : in alcuni casi, le vittime possono ricorrere all'abuso di alcol o di farmaci come meccanismo di difesa, compromettendo ulteriormente la loro salute.

Conseguenze per le famiglie

L'impatto degli abusi sugli anziani si estende oltre la vittima immediata, colpendo profondamente i suoi familiari e le persone care.

Impatto emotivo e psicologico

1. **Senso di colpa e auto-accusa** : i familiari spesso provano un forte senso di colpa per non aver impedito l'abuso o per aver collocato il proprio caro in una struttura in cui si è verificato l'abuso.

2. **Rabbia e frustrazione** : scoprire che una persona cara ha subito abusi può scatenare una rabbia intensa nei confronti dei colpevoli e del sistema che ha permesso che ciò accadesse.

3. **Ansia e depressione** : il peso emotivo derivante dall'avere a che fare con gli abusi può provocare ansia e depressione tra i membri della famiglia, soprattutto se si sentono impotenti nel cambiare la situazione.

4. **Problemi di fiducia** : le famiglie possono sviluppare una sfiducia duratura nei confronti delle istituzioni e dei professionisti sanitari, rendendo più difficili le decisioni in merito alle cure future.

Dinamiche e relazioni familiari

1. **Relazioni familiari tese** : i disaccordi su come gestire la situazione possono creare tensione e conflitti all'interno delle famiglie.
2. **Esaurimento del caregiver** : i familiari possono assumersi maggiori responsabilità di assistenza, con conseguente esaurimento fisico ed emotivo.
3. **Difficoltà finanziarie** : procedimenti legali, accordi di assistenza alternativi o trattamenti medici derivanti da abusi possono comportare notevoli oneri finanziari per le famiglie.

Effetti a lungo termine

1. **Trauma intergenerazionale** : l'esperienza di abusi sugli anziani può influenzare il modo in cui i membri più giovani della famiglia percepiscono l'invecchiamento e si prendono cura degli anziani, influenzando potenzialmente le loro decisioni e i loro atteggiamenti futuri.

2. **Difesa dei diritti e attivismo** : alcuni membri della famiglia potrebbero incanalare le proprie esperienze diventando sostenitori dei diritti degli anziani e di migliori standard di assistenza.
3. **Cambiamenti nella pianificazione familiare** : l'esperienza può influenzare il modo in cui le famiglie pianificano il proprio invecchiamento o si prendono cura di altri parenti anziani.

Impatto sul personale sanitario

Le conseguenze degli abusi sugli anziani non si limitano ai residenti e alle loro famiglie: anche il personale sanitario di queste strutture ne è gravemente colpito.

Impatto emotivo e psicologico

1. **Disagio morale** : il personale che assiste ad abusi ma si sente impotente nel prevenirli spesso sperimenta un notevole disagio morale, che porta al burnout e alla stanchezza da compassione.

2. **Stress traumatico secondario** : i caregiver che lavorano a stretto contatto con le vittime di abusi possono sperimentare stress traumatico secondario, simile al disturbo da stress post-traumatico, a causa della ripetuta esposizione al trauma altrui.

3. **Senso di colpa e vergogna** : i membri dello staff che non hanno riconosciuto o denunciato gli abusi potrebbero provare intensi sentimenti di colpa e vergogna.

4. **Diminuzione della soddisfazione lavorativa** : la presenza di abusi in una struttura può ridurre significativamente la soddisfazione lavorativa e il morale del personale.

Conseguenze professionali

1. **Aumento del turnover** : lo stress e il peso emotivo derivanti dal lavorare in un ambiente in cui si verificano abusi possono portare a tassi di turnover del personale più elevati.

2. **Dilemmi legali ed etici** : il personale potrebbe trovarsi ad affrontare decisioni

difficili in merito alla segnalazione di abusi, soprattutto se teme ritorsioni o la perdita del posto di lavoro.

3. **Stigma** : gli operatori sanitari che lavorano presso strutture in cui si sono verificati abusi possono essere stigmatizzati nella loro vita professionale e personale.

Impatto sulla qualità dell'assistenza

1. **Peggioramento degli standard di assistenza** : una cultura di abuso può portare a un declino generale degli standard di assistenza, poiché il personale diventa insensibile o demoralizzato.

2. **Interruzione della comunicazione** : la paura e la sfiducia derivanti dagli abusi possono ostacolare una comunicazione efficace tra personale, residenti e famiglie.

3. **Riduzione dell'empatia** : lo stress cronico e il burnout possono portare a una riduzione dell'empatia tra gli operatori sanitari, compromettendo potenzialmente la qualità dell'assistenza.

Impatto sociale

Le conseguenze degli abusi sugli anziani nelle strutture di assistenza non riguardano solo i singoli individui e le famiglie, ma riguardano l'intera società.

1. **Aumento dei costi dell'assistenza sanitaria** : le conseguenze degli abusi sulla salute fisica e mentale spesso comportano un aumento del ricorso all'assistenza sanitaria e dei relativi costi.

2. **Pressione sui servizi sociali** : affrontare i casi di abuso sugli anziani comporta un'ulteriore pressione sui servizi sociali e sui servizi di protezione degli adulti, già sottoposti a pressione.

3. **Erosione della fiducia nei sistemi di assistenza** : gli scandali di abusi diffusi possono erodere la fiducia del pubblico nell'intero sistema di assistenza agli anziani, rendendo più difficile fornire l'assistenza necessaria alla popolazione anziana.

4. **Sfide legali e normative** : i casi di abuso spesso danno luogo a procedimenti legali e richiedono normative più severe, che richiedono risorse ingenti e possono avere ripercussioni sull'intero settore dell'assistenza.

Le conseguenze dell'abuso degli anziani nelle case di riposo e nelle strutture di assistenza sono di vasta portata e profondamente impattanti. Dagli effetti devastanti sulla salute fisica e mentale dei residenti al trauma duraturo sperimentato dalle famiglie e al pedaggio professionale e personale sul personale sanitario, gli effetti a catena dell'abuso toccano ogni aspetto dell'ecosistema dell'assistenza. Riconoscere queste conseguenze multiformi è fondamentale per sviluppare strategie complete per prevenire gli abusi, supportare le vittime e le loro famiglie e creare una cultura di assistenza compassionevole e di alta qualità per la nostra popolazione anziana. Sottolinea l'urgente necessità di cambiamenti sistemici, una migliore supervisione e un impegno sociale per valorizzare e proteggere i nostri anziani più vulnerabili.

CHIAMATA ALL'AZIONE

- Condividi le storie dei sopravvissuti agli abusi (con il loro permesso) per evidenziare il reale impatto degli abusi sugli anziani.
- Organizzare un evento comunitario per discutere gli effetti degli abusi sugli anziani sulle famiglie e su chi li assiste.
- Creare un gruppo di supporto per le famiglie vittime di abusi sugli anziani nelle strutture di assistenza.

Condividi la tua opinione su Amazon!

La tua recensione è utile:

- Sensibilizzare sul tema degli abusi sugli anziani nelle case di riposo
- Sostieni gli autori indipendenti che affrontano questioni sociali cruciali
- Incoraggiare più ricerca e azioni sulla riforma dell'assistenza agli anziani

Come lasciare una recensione:

- Vai alla pagina Amazon del libro

- Fai clic su "Scrivi una recensione cliente"
- Condividi i tuoi pensieri e le tue esperienze sincere
- Fai clic su Invia

Se hai trovato utile questo libro, ti preghiamo di lasciare una recensione a 5 stelle!

Il tuo supporto aiuta ad alimentare ulteriori indagini sui problemi dell'assistenza agli anziani e promuove un cambiamento positivo nelle nostre case di riposo. Condividendo i tuoi pensieri, dai voce a coloro che spesso non vengono ascoltati e contribuisci a un movimento per la dignità e il rispetto per i nostri anziani.

Insieme possiamo fare la differenza nella vita dei nostri anziani.

Questa versione mantiene la struttura e lo scopo del testo originale, adattando il contenuto per adattarlo al tema del tuo libro sugli abusi sugli anziani nelle case di riposo. Sottolinea l'importanza di sensibilizzare sull'abuso degli anziani e incoraggia i lettori a contribuire a un cambiamento positivo attraverso le loro recensioni.

La tua recensione è utile:

- Sensibilizzare sul tema degli abusi sugli anziani nelle case di riposo
- Sostieni gli autori indipendenti che affrontano questioni sociali cruciali
- Incoraggiare più ricerca e azioni sulla riforma dell'assistenza agli anziani

Come lasciare una recensione:

- Vai alla pagina Amazon del libro
- Fai clic su "Scrivi una recensione cliente"
- Condividi i tuoi pensieri e le tue esperienze sincere
- Fai clic su Invia

Se hai trovato utile questo libro, ti preghiamo di lasciare una recensione a 5 stelle!

Il tuo supporto aiuta ad alimentare ulteriori indagini sui problemi dell'assistenza agli anziani e promuove un cambiamento positivo nelle nostre case di riposo. Condividendo i tuoi pensieri, dai voce a coloro che spesso non vengono ascoltati e contribuisci a un

movimento per la dignità e il rispetto per i nostri anziani.

Insieme possiamo fare la differenza nella vita dei nostri anziani.

Questa versione mantiene la struttura e lo scopo del testo originale, adattando il contenuto per adattarlo al tema del tuo libro sugli abusi sugli anziani nelle case di riposo. Sottolinea l'importanza di sensibilizzare sul tema degli abusi sugli anziani e incoraggia i lettori a contribuire a un cambiamento positivo attraverso le loro recensioni.

CAPITOLO 6

PROSPETTIVA INTERNAZIONALE

L'abuso degli anziani nelle strutture di assistenza è un problema globale che trascende i confini nazionali, le differenze culturali e le divisioni economiche. Questo capitolo fornisce un'analisi completa del panorama internazionale dell'assistenza e dell'abuso degli anziani, offrendo spunti su come diversi paesi affrontano questa sfida complessa. Esaminando sistemi diversi, analizzando casi di studio dettagliati ed evidenziando iniziative di riforma innovative in tutto il mondo, possiamo acquisire lezioni preziose per informare strategie più efficaci per prevenire e affrontare l'abuso degli anziani su scala globale.

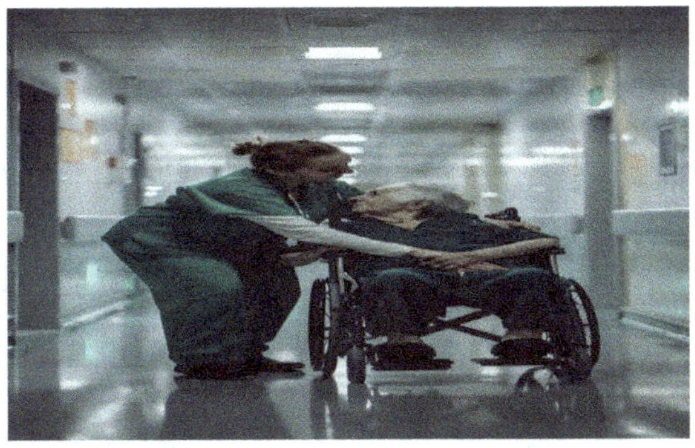

Analisi comparativa dei sistemi di assistenza agli anziani e prevalenza degli abusi

La prevalenza e la natura dell'abuso degli anziani nelle strutture di assistenza variano significativamente da un paese all'altro, influenzate da norme culturali, fattori economici, sistemi sanitari e atteggiamenti sociali nei confronti dell'invecchiamento. Questa sezione fornisce uno sguardo approfondito a diversi paesi chiave, esaminando i loro approcci all'assistenza agli anziani e le sfide che affrontano nella lotta all'abuso.

Stati Uniti

Gli Stati Uniti affrontano sfide significative nell'assistenza agli anziani, con un sistema frammentato che varia notevolmente da stato a stato. Secondo il National Council on Aging, circa 1 americano su 10 di età pari o superiore a 60 anni ha subito qualche forma di abuso sugli anziani, con alcuni studi che suggeriscono che il tasso nelle case di cura e nelle strutture di assistenza a lungo termine potrebbe essere molto più alto.

Caratteristiche principali del sistema statunitense:

- Un mix di strutture pubbliche e private, con Medicare e Medicaid che svolgono un ruolo cruciale nel finanziamento
- Leggi sulla segnalazione obbligatoria di sospetti abusi nella maggior parte degli stati
- Supervisione federale attraverso i Centers for Medicare & Medicaid Services (CMS)

- L'Elder Justice Act, approvato nel 2010, mira a prevenire e affrontare gli abusi, la negligenza e lo sfruttamento degli anziani

Nonostante queste misure, la sottostima rimane un problema significativo. Il National Center on Elder Abuse stima che solo 1 caso di abuso su 14 venga segnalato alle autorità. Questa sottostima è attribuita a vari fattori, tra cui la paura di ritorsioni, la mancanza di consapevolezza e i deficit cognitivi tra i residenti.

Uno studio del 2019 pubblicato sul Journal of Elder Abuse & Neglect ha scoperto che il 64% del personale delle strutture di assistenza a lungo termine ha ammesso di aver commesso qualche forma di abuso nell'ultimo anno. Questa statistica sorprendente evidenzia la natura pervasiva del problema e l'urgente necessità di riforme sistemiche.

Regno Unito

Il Regno Unito è alle prese con gli abusi sugli anziani nelle case di cura, in particolare alla

luce degli scandali di alto profilo degli ultimi anni. La Care Quality Commission (CQC) regolamenta le case di cura in Inghilterra, con organismi simili in Scozia (Care Inspectorate), Galles (Care Inspectorate Wales) e Irlanda del Nord (Regulation and Quality Improvement Authority).

Aspetti chiave del sistema del Regno Unito:

- Un servizio sanitario nazionale (NHS) che fornisce alcune cure a lungo termine, integrate da strutture private
- Procedure di tutela obbligatorie per gli adulti vulnerabili
- Ispezioni regolari da parte di enti di regolamentazione come il CQC
- Il Care Act del 2014, che pone la tutela degli adulti su base statutaria

Un rapporto di Age UK suggerisce che fino a 500.000 anziani nel Regno Unito potrebbero essere soggetti ad abusi o negligenze ogni anno, con una quota significativa che si verifica in contesti di assistenza. Il rapporto

2019/2020 del CQC ha rivelato che l'1% delle case di cura è stato classificato come "inadeguato" e il 15% come "necessita di miglioramenti" in termini di sicurezza, indicando le sfide in corso nel garantire un'assistenza di qualità.

Anche il Regno Unito è stato in prima linea nell'affrontare l'abuso finanziario negli ambienti di cura. L'Office of the Public Guardian, istituito ai sensi del Mental Capacity Act del 2005, svolge un ruolo cruciale nel proteggere gli adulti vulnerabili dallo sfruttamento finanziario.

Germania

L'approccio della Germania all'assistenza agli anziani è spesso citato come modello per altri paesi. Il paese ha introdotto l'assicurazione per l'assistenza a lungo termine nel 1995, che ha contribuito a finanziare un sistema di assistenza completo.

Caratteristiche notevoli del sistema tedesco:

- Assicurazione obbligatoria per l'assistenza a lungo termine per tutti i cittadini
- Una forte enfasi sull'assistenza domiciliare e sui servizi basati sulla comunità
- Normative severe e ispezioni regolari delle strutture assistenziali
- Le Pflegestärkungsgesetze (leggi per il rafforzamento dell'assistenza), una serie di riforme attuate tra il 2015 e il 2017 per migliorare la qualità dell'assistenza

Nonostante queste misure, gli studi suggeriscono che l'abuso degli anziani rimane una preoccupazione in Germania. Uno studio del 2018 del Centro tedesco di gerontologia ha stimato che tra il 5% e il 10% degli anziani in Germania subisce qualche forma di maltrattamento, compresi quelli nelle strutture di assistenza.

L'approccio della Germania allo sviluppo della forza lavoro nell'assistenza agli anziani è particolarmente degno di nota. Il paese ha implementato programmi di formazione completi per gli operatori socio-sanitari, tra

cui un corso di formazione professionale triennale per i professionisti dell'assistenza agli anziani. Questa attenzione alla professionalizzazione mira a migliorare la qualità dell'assistenza e a ridurre il rischio di abusi attraverso personale meglio formato.

Giappone

Essendo il paese con la popolazione più anziana al mondo, l'approccio del Giappone all'assistenza agli anziani è di particolare interesse. Il paese ha introdotto un sistema assicurativo completo per l'assistenza a lungo termine nel 2000, che da allora è stato sottoposto a diverse revisioni per rispondere ai cambiamenti demografici e alle esigenze di assistenza.

Elementi chiave del sistema giapponese:

- Assicurazione universale per l'assistenza a lungo termine
- Un'enfasi culturale sulla pietà filiale, che a volte può mascherare gli abusi

- Uso innovativo della tecnologia negli ambienti di cura per prevenire e rilevare gli abusi
- Il "Sistema di assistenza integrata basato sulla comunità", che mira a fornire assistenza sanitaria senza soluzione di continuità e assistenza a lungo termine nelle comunità

Sebbene le statistiche ufficiali sugli abusi sugli anziani nelle strutture di assistenza giapponesi siano limitate, un sondaggio governativo del 2020 ha rilevato che sono stati segnalati circa 17.000 casi di abusi da parte di assistenti in un solo anno, con gli esperti che ritengono che si tratti di una sottostima. Il governo giapponese ha risposto con iniziative come la legge sulla prevenzione degli abusi sugli anziani, promulgata nel 2006, che impone la segnalazione di casi sospetti di abuso.

L'approccio del Giappone per affrontare le sfide di una popolazione anziana si estende oltre i modelli di assistenza tradizionali. Il

paese è stato un pioniere nello sviluppo di robot di assistenza e altre tecnologie assistive per integrare i caregiver umani, riducendo potenzialmente il rischio di abusi derivanti dallo stress e dal burnout dei caregiver.

Casi di studio: sfide universali e problemi regionali unici

Esaminare casi specifici da tutto il mondo può fornire spunti preziosi sia sulle sfide comuni che sulle problematiche regionali uniche nell'affrontare l'abuso degli anziani nelle strutture di assistenza. Questi casi di studio offrono una comprensione più sfumata delle complessità implicate nella prevenzione e nell'affrontare l'abuso degli anziani in diversi contesti culturali e sociali.

Caso di studio 1: carenza di personale nelle case di cura svedesi

Nel 2020, la Svezia ha dovuto affrontare critiche internazionali per la sua gestione del COVID-19 nelle case di cura, che ha evidenziato problemi di lunga data di carenza

di personale e formazione inadeguata. Questo caso sottolinea come i problemi sistemici possano portare a negligenza e cure scadenti, anche in paesi noti per i solidi sistemi di assistenza sociale.

Contesto: la Svezia è da tempo considerata uno stato sociale modello, con un sistema completo di assistenza agli anziani. Tuttavia, la pandemia di COVID-19 ha messo in luce significative debolezze del sistema, in particolare nelle case di cura.

Questioni chiave:

- Carenza cronica di personale in molte strutture
- Alta percentuale di lavoratori part-time e temporanei
- Formazione inadeguata, soprattutto sulle misure di controllo delle infezioni
- Mancanza di dispositivi di protezione individuale (DPI) durante la pandemia

Conseguenze:

- Elevati tassi di mortalità tra gli ospiti delle case di cura durante la pandemia
- Aumento dei casi di negligenza dovuti al sovraccarico del personale
- Proteste pubbliche e richieste di riforme sistemiche

Apprendimenti chiave :

- L'importanza critica di adeguati rapporti tra personale e personale
- La necessità di formazione e supporto continui per gli operatori socio-assistenziali
- Le possibili conseguenze della priorità dell'efficienza rispetto alla qualità dell'assistenza
- L'importanza di solidi piani di preparazione alle emergenze nelle strutture assistenziali

Questo caso evidenzia come anche sistemi ben considerati possano avere problemi di

fondo che, se esposti a una crisi, possono avere gravi conseguenze per gli anziani vulnerabili.

Caso di studio 2: Abuso finanziario nelle strutture di assistenza agli anziani australiane

Una commissione reale sulla qualità e la sicurezza dell'assistenza agli anziani in Australia, condotta dal 2018 al 2021, ha scoperto abusi finanziari diffusi nelle case di cura, tra cui sovrapprezzi e uso improprio dei fondi dei residenti. Questo caso evidenzia la natura complessa dell'abuso degli anziani, che si estende oltre i maltrattamenti fisici ed emotivi.

Contesto: il sistema australiano di assistenza agli anziani è sotto esame da anni, con preoccupazioni sulla qualità dell'assistenza e sulla gestione finanziaria. La commissione reale è stata istituita in risposta a una serie di scandali e preoccupazioni pubbliche.

Risultati principali:

- Casi di strutture che addebitano costi per servizi non forniti
- Uso improprio dei fondi personali dei residenti da parte dei membri dello staff
- Strutture tariffarie complesse che confondono residenti e famiglie
- Processi di controllo e revisione finanziaria inadeguati

Conseguenze:

- Perdite finanziarie per molti residenti anziani
- Erosione della fiducia nel sistema di assistenza agli anziani
- Chiede riforme radicali nel settore

Approfondimenti chiave:

- La necessità di una solida supervisione finanziaria nelle strutture assistenziali
- L'importanza di educare i residenti e le famiglie sui diritti finanziari

- Il ruolo degli enti regolatori nella prevenzione dello sfruttamento finanziario
- Il potenziale della tecnologia per migliorare la trasparenza nella gestione finanziaria

Questo studio di caso dimostra che l'abuso sugli anziani non si limita ai maltrattamenti fisici o emotivi e che l'abuso finanziario può avere gravi ripercussioni sul benessere e sulla dignità degli anziani assistiti.

Caso di studio 3: Fattori culturali negli abusi sugli anziani in India

In India, dove l'assistenza familiare tradizionale sta cedendo il passo all'assistenza istituzionale nelle aree urbane, uno studio nelle case di cura di Delhi ha rivelato come i fattori culturali possano influenzare la manifestazione e la denuncia degli abusi sugli anziani. Questioni come lo stigma intorno all'assistenza istituzionale e le norme culturali

di rispetto per gli anziani hanno complicato l'identificazione e la gestione degli abusi.

Contesto: l'India sta vivendo un rapido invecchiamento della popolazione, insieme all'urbanizzazione e al cambiamento delle strutture familiari. Ciò ha portato a un aumento dell'assistenza istituzionale, un concetto che è in conflitto con i valori tradizionali della pietà filiale.

Questioni chiave:

- Stigma associato al collocamento degli anziani nelle case di cura
- Riluttanza culturale a discutere o denunciare gli abusi
- Mancanza di strumenti di valutazione culturalmente appropriati per gli abusi
- Vigilanza regolamentare limitata delle strutture assistenziali

Risultati:

- Sottostima degli abusi dovuta alla vergogna e alla paura del disonore familiare
- Forme di abuso influenzate da norme culturali (ad esempio, negare cibi tradizionali come punizione)
- Il personale spesso non è formato nel riconoscere le forme di abuso culturalmente specifiche
- I residenti sono riluttanti a lamentarsi a causa dell'enfasi culturale sul rispetto dell'autorità

Lezioni apprese:

- La necessità di approcci culturalmente sensibili per rilevare e prevenire gli abusi
- L'importanza del coinvolgimento della comunità nella supervisione delle strutture assistenziali
- Il ruolo dell'istruzione pubblica nel cambiare gli atteggiamenti verso l'assistenza agli anziani e gli abusi

- La necessità di sviluppare strumenti di valutazione e strategie di intervento culturalmente appropriati

Questo studio di caso sottolinea l'importanza di considerare i contesti culturali quando si affronta il problema degli abusi sugli anziani, in particolare nelle società che attraversano rapidi cambiamenti sociali.

Iniziative e riforme internazionali innovative

Paesi in tutto il mondo stanno implementando approcci innovativi per combattere gli abusi sugli anziani nelle strutture di assistenza. Queste iniziative dimostrano il potenziale di soluzioni creative per affrontare questo problema complesso.

1. Monitoraggio basato sulla tecnologia nei Paesi Bassi

I Paesi Bassi sono stati pionieri nell'uso della tecnologia intelligente nelle case di cura.

Alcune strutture utilizzano sistemi di sensori per monitorare i movimenti dei residenti e avvisare il personale di potenziali cadute o modelli insoliti che potrebbero indicare abuso o negligenza.

Iniziative specifiche:

- Il sistema "Smart Floor", che utilizza piastrelle sensibili alla pressione per rilevare cadute e schemi di movimento
- Sistemi di monitoraggio acustico in grado di rilevare suoni di disagio
- Analisi video basata sull'intelligenza artificiale per identificare potenziali situazioni di abuso mantenendo la privacy

Impatto:

- Tempi di risposta ridotti alle emergenze
- Rilevamento migliorato di modelli che potrebbero indicare abusi
- Maggiore senso di sicurezza per i residenti e le famiglie

- Potenziale di intervento precoce nelle situazioni di abuso

Sfide:

- Bilanciare la sorveglianza con le preoccupazioni sulla privacy
- Garantire che il personale sia adeguatamente formato per utilizzare e interpretare i dati provenienti da questi sistemi
- Elevati costi iniziali di implementazione

L'approccio olandese dimostra come la tecnologia possa essere sfruttata per creare ambienti di cura più sicuri, nel rispetto della dignità e della privacy dei residenti.

2. Programmi di assistenza intergenerazionale a Singapore

Singapore ha introdotto programmi che combinano asili nido e case di cura, favorendo l'interazione intergenerazionale. Questo approccio ha dimostrato di essere promettente nel migliorare la qualità della vita degli

anziani e nel creare un ambiente di cura più aperto e orientato alla comunità, meno incline agli abusi.

Caratteristiche principali:

- Strutture congiunte per bambini e anziani
- Attività intergenerazionali strutturate e spazi condivisi
- Formazione per il personale sia nell'assistenza agli anziani che nell'educazione della prima infanzia
- Coinvolgimento della comunità nelle attività della struttura

Vantaggi:

- Maggiore impegno sociale per gli anziani
- Maggiore controllo comunitario delle strutture assistenziali
- Miglioramento dell'empatia e della comprensione tra le generazioni
- Stimolazione cognitiva potenziata per gli anziani

- Riduzione dell'isolamento e della depressione tra i residenti

Sfide:

- Garantire limiti e misure di sicurezza adeguati
- Gestire le diverse esigenze delle diverse fasce d'età
- Superare lo scetticismo iniziale delle famiglie e dei membri della comunità

Il modello di assistenza intergenerazionale di Singapore offre un approccio unico per creare ambienti di assistenza più vivaci e connessi, che possono scoraggiare naturalmente gli abusi attraverso una maggiore trasparenza e il coinvolgimento della comunità.

3. Approccio basato sui diritti in Canada

Il Canada ha implementato un approccio basato sui diritti per l'assistenza agli anziani in alcune province, sottolineando l'autonomia e la dignità dei residenti. Ciò include iniziative come i consigli dei residenti nelle case di cura

e l'educazione obbligatoria sui diritti per il personale e i residenti.

Elementi chiave:

- La Carta dei diritti dei residenti è sancita dalla legislazione provinciale
- Consigli obbligatori dei residenti nelle case di cura a lungo termine
- Sessioni regolari di educazione ai diritti per il personale, i residenti e le famiglie
- Programmi dell'Ombudsman specificamente per i residenti delle strutture di assistenza a lungo termine

Risultati:

- Conferire ai residenti il potere di difendersi da soli
- Maggiore consapevolezza dei diritti tra il personale e le famiglie
- Riduzione dei casi segnalati di abuso e negligenza
- Miglioramento della comunicazione tra residenti, famiglie e personale

Sfide:

- Garantire una partecipazione significativa dei residenti con disabilità cognitive
- Superare la resistenza istituzionale all'aumento dell'autonomia dei residenti
- Bilanciare i diritti individuali con le preoccupazioni per la salute e la sicurezza

L'approccio canadese basato sui diritti dimostra come l'emancipazione dei residenti e la sensibilizzazione sui diritti possano creare una cultura di rispetto e dignità negli ambienti di assistenza.

4. Supporto completo del personale in Danimarca

La Danimarca si è concentrata sul miglioramento delle condizioni di lavoro e sul supporto per il personale di assistenza come mezzo per prevenire gli abusi. Ciò include stipendi più alti, migliori rapporti tra personale e residenti e un supporto completo per la salute mentale dei caregiver.

Iniziative chiave:

- Stipendi e benefit competitivi per gli operatori socio-sanitari
- Rapporto obbligatorio tra personale e residenti
- Supervisione regolare e controlli di salute mentale per il personale
- Programmi di formazione completi, tra cui gestione dello stress e risoluzione dei conflitti

Risultati:

- Minori tassi di turnover del personale
- Miglioramento della qualità dell'assistenza
- Riduzione dell'incidenza di negligenza e abusi correlati al burnout
- Maggiore soddisfazione lavorativa tra gli operatori socio-sanitari

Sfide:

- Maggiori costi per l'assistenza sanitaria

- Garantire un'implementazione coerente in diverse strutture
- Affrontare gli atteggiamenti della società nei confronti del lavoro di cura

L'approccio della Danimarca sottolinea l'importanza di affrontare le cause profonde degli abusi, tra cui lo stress e il burnout del personale, attraverso sistemi di supporto completi.

La prospettiva globale sull'abuso degli anziani nelle strutture di assistenza rivela sia l'universalità di alcune sfide sia la diversità di approcci nell'affrontarle. Mentre la prevalenza dell'abuso rimane una seria preoccupazione in tutto il mondo, iniziative e riforme innovative offrono speranza di miglioramento.

I punti chiave di questa panoramica internazionale includono:

1. L'importanza di quadri normativi e di vigilanza solidi

2. Il potenziale della tecnologia nel monitoraggio e nella prevenzione degli abusi
3. Il valore dell'impegno della comunità e dei programmi intergenerazionali
4. Il ruolo fondamentale del supporto e della formazione del personale nella prevenzione degli abusi
5. La necessità di approcci culturalmente sensibili alla cura e alla prevenzione degli abusi
6. L'efficacia degli approcci basati sui diritti nell'emancipazione dei residenti
7. Il potenziale della vigilanza finanziaria per prevenire lo sfruttamento economico
8. L'importanza di affrontare problemi sistemici come la carenza di personale

Imparando dalle esperienze e dalle best practice internazionali, i paesi possono lavorare per creare sistemi di assistenza che non solo prevengano gli abusi, ma migliorino anche la dignità, l'autonomia e la qualità della vita degli anziani nelle strutture di assistenza. La natura globale di questa sfida richiede una

continua collaborazione internazionale e condivisione delle conoscenze per proteggere le nostre popolazioni anziane più vulnerabili.

Mentre le società in tutto il mondo continuano a invecchiare, l'imperativo di affrontare l'abuso degli anziani nelle strutture di assistenza diventa sempre più pressante. I diversi approcci evidenziati in questo capitolo dimostrano che non esiste una soluzione unica per tutti. Invece, strategie efficaci devono essere adattate ai contesti locali, attingendo nel contempo alle migliori pratiche globali. Combinando innovazioni tecnologiche, sensibilità culturale, approcci basati sui diritti e un supporto completo del personale, possiamo lavorare per un futuro in cui l'abuso degli anziani nelle strutture di assistenza diventa sempre più raro e in cui gli anziani possono invecchiare con dignità, rispetto e sicurezza.

CHIAMATA ALL'AZIONE

- Ricercare le politiche per l'assistenza agli anziani in altri Paesi e condividere le migliori pratiche con i decisori politici locali.
- Partecipa ai forum internazionali per i diritti degli anziani e incontra i sostenitori di tutto il mondo.
- Organizza un webinar o un evento locale con relatori provenienti da diversi paesi per discutere delle pratiche globali di assistenza agli anziani.

Condividi la tua opinione su Amazon!

La tua recensione è utile:

- Sensibilizzare sul tema degli abusi sugli anziani nelle case di riposo
- Sostieni gli autori indipendenti che affrontano questioni sociali cruciali
- Incoraggiare più ricerca e azioni sulla riforma dell'assistenza agli anziani

Come lasciare una recensione:

- Vai alla pagina Amazon del libro
- Fai clic su "Scrivi una recensione cliente"

- Condividi i tuoi pensieri e le tue esperienze sincere
- Fai clic su Invia

Se hai trovato utile questo libro, ti preghiamo di lasciare una recensione a 5 stelle!

Il tuo supporto aiuta ad alimentare ulteriori indagini sui problemi dell'assistenza agli anziani e promuove un cambiamento positivo nelle nostre case di riposo. Condividendo i tuoi pensieri, dai voce a coloro che spesso non vengono ascoltati e contribuisci a un movimento per la dignità e il rispetto per i nostri anziani.

Insieme possiamo fare la differenza nella vita dei nostri anziani.

Questa versione mantiene la struttura e lo scopo del testo originale, adattando il contenuto per adattarlo al tema del tuo libro sugli abusi sugli anziani nelle case di riposo. Sottolinea l'importanza di sensibilizzare sul tema degli abusi sugli anziani e incoraggia i lettori a contribuire a un cambiamento positivo attraverso le loro recensioni.

CAPITOLO 7:

RISPOSTE E SOLUZIONI

La sfida dell'abuso degli anziani nelle strutture di assistenza richiede una risposta completa e sfumata che affronti sia le sue manifestazioni immediate sia le cause sottostanti. Come abbiamo esplorato in questo libro, il problema è complesso e sfaccettato, e richiede soluzioni che siano ugualmente sofisticate e di vasta portata. Questo capitolo esamina i vari approcci implementati in tutto il mondo per combattere l'abuso degli anziani e migliorare la qualità della vita degli anziani in contesti di assistenza, concentrandosi su riforme legislative, iniziative comunitarie e pratiche innovative che hanno dimostrato di essere promettenti nell'affrontare questo problema critico.

Riforme legislative e regolamentari

Il quadro giuridico che circonda l'assistenza agli anziani svolge un ruolo cruciale nella prevenzione e nella gestione degli abusi. Negli ultimi decenni, molti paesi hanno rafforzato i loro approcci legislativi per proteggere gli anziani vulnerabili nelle strutture di assistenza. Queste riforme riflettono una crescente comprensione delle complessità degli abusi sugli anziani e della necessità di solide protezioni legali.

Negli Stati Uniti, l'Elder Justice Act del 2010 ha segnato una pietra miliare significativa nella risposta federale agli abusi sugli anziani. Questa legislazione completa non solo ha imposto la segnalazione di sospetti crimini contro i residenti in strutture di assistenza a lungo termine finanziate a livello federale, ma ha anche istituito l'Elder Justice Coordinating Council per coordinare le attività relative agli abusi sugli anziani tra le agenzie federali. L'atto fornisce finanziamenti per i servizi di protezione degli adulti e crea un quadro per la raccolta di dati nazionali sugli abusi, la negligenza e lo sfruttamento degli anziani. Sebbene l'attuazione abbia incontrato delle sfide, in particolare per quanto riguarda i finanziamenti, l'atto rappresenta un passo cruciale verso l'affrontare gli abusi sugli anziani a livello sistemico.

L'approccio dell'Australia alla riforma legislativa è stato altrettanto completo. L'emendamento del 2007 all'Aged Care Act ha reso obbligatoria la segnalazione di incidenti gravi nell'assistenza residenziale, ma forse ancora più significativamente, ha

istituito l' Aged Care Quality and Safety Commission come ente regolatore indipendente. Questo organismo ha ampi poteri per condurre ispezioni non annunciate, indagare sui reclami e far rispettare la conformità agli standard di qualità. L'efficacia di questo approccio normativo è stata messa alla prova durante la pandemia di COVID-19, portando a ulteriori riforme che hanno rafforzato i poteri della Commissione e aumentato la trasparenza nel settore dell'assistenza agli anziani.

Una migliore supervisione attraverso ispezioni regolari si è dimostrata una componente critica di quadri normativi efficaci. La Care Quality Commission (CQC) inglese ha sviluppato un approccio sofisticato al monitoraggio delle strutture di assistenza che va oltre i semplici controlli di conformità. Il regime di ispezione della CQC valuta i servizi in base a cinque domande chiave: sono sicuri, efficaci, premurosi, reattivi e ben gestiti? Questo approccio olistico riconosce che l'abuso è spesso sintomatico di carenze organizzative più ampie. Il sistema di

segnalazione pubblica della Commissione non solo aiuta a identificare i problemi, ma consente anche alle famiglie di prendere decisioni informate sulle opzioni di assistenza e crea pressioni di mercato per il miglioramento.

La qualificazione e la formazione del personale di assistenza sono emerse come un altro ambito cruciale per l'attenzione legislativa. L'approccio della Germania agli standard professionali nell'assistenza agli anziani offre spunti preziosi. L'ordinanza sulla qualificazione dell'assistenza del paese stabilisce un quadro completo per la formazione degli operatori sanitari, che richiede un programma professionale triennale che combina istruzione teorica con esperienza pratica. Questa enfasi sulla professionalizzazione non solo migliora la qualità dell'assistenza, ma aiuta anche a prevenire gli abusi assicurando che il personale sia adeguatamente equipaggiato per gestire le sfide dell'assistenza agli anziani. Allo stesso modo, la qualifica di Certified Care Worker del Giappone, che richiede

un'istruzione approfondita e il completamento con successo di un esame nazionale, riflette la consapevolezza che un'assistenza di alta qualità richiede operatori qualificati e competenti.

Molte giurisdizioni hanno anche riconosciuto l'importanza di stabilire e proteggere esplicitamente i diritti dei residenti delle strutture di assistenza. Il Long-Term Care Homes Act dell'Ontario, Canada, include una completa Carta dei diritti dei residenti che va oltre le protezioni di base contro abusi e negligenza. Afferma i diritti dei residenti alla privacy, alla dignità, all'autonomia e alla partecipazione alle decisioni che riguardano la loro assistenza. L'atto richiede alle case di cura di mostrare in modo evidente questi diritti e di fornire regolari sessioni di formazione per il personale, i residenti e le famiglie. Questo approccio basato sui diritti aiuta a creare una cultura di rispetto e di empowerment che può fungere da baluardo contro le pratiche abusive.

Iniziative delle ONG e coinvolgimento della comunità

Mentre le riforme legislative forniscono un quadro essenziale per affrontare l'abuso degli anziani, il ruolo delle organizzazioni non governative e delle iniziative comunitarie non può essere sopravvalutato. Questi sforzi di base spesso forniscono l'implementazione pratica e la connessione umana che danno vita alle politiche e creano un vero cambiamento sul campo.

L'International Network for the Prevention of Elder Abuse (INPEA) è stata in prima linea negli sforzi globali per aumentare la consapevolezza sull'abuso degli anziani. Attraverso la sua Giornata mondiale di sensibilizzazione sull'abuso degli anziani, celebrata il 15 giugno, l'INPEA ha contribuito a creare un dibattito globale sull'abuso degli anziani e ha promosso lo scambio di conoscenze e buone pratiche oltre i confini. Il lavoro dell'organizzazione illustra l'importanza della sensibilizzazione nella lotta

contro un problema che spesso prospera nel silenzio e nell'ombra.

I servizi di supporto diretto forniti dalle ONG costituiscono un'altra linea di difesa cruciale contro gli abusi sugli anziani. Nel Regno Unito, The Silver Line offre una linea di assistenza gratuita e riservata per gli anziani, attiva 24 ore al giorno, 365 giorni all'anno. Sebbene non sia focalizzata esclusivamente sugli abusi, la linea di assistenza fornisce un punto di contatto fondamentale per gli anziani isolati e può fungere da sistema di allerta precoce per identificare potenziali abusi. L'organizzazione offre anche servizi di amicizia che aiutano a combattere l'isolamento sociale che può rendere gli anziani più vulnerabili agli abusi.

Le iniziative di coinvolgimento della comunità hanno mostrato una particolare promessa nella prevenzione e nell'intervento precoce. I programmi intergenerazionali, sperimentati in paesi come Singapore e i Paesi Bassi, sfidano la segregazione degli anziani che può contribuire alla loro vulnerabilità agli

abusi. Questi programmi, che riuniscono i residenti delle case di cura con bambini piccoli per attività regolari, creano ambienti di cura più aperti e trasparenti. La presenza di bambini, delle loro famiglie e degli insegnanti nelle strutture di cura aumenta la supervisione della comunità e crea connessioni che possono rendere meno probabile che gli abusi si verifichino e più probabile che vengano rilevati se si verificano.

Pratiche innovative e soluzioni tecnologiche

Il campo dell'assistenza agli anziani ha visto innovazioni significative negli ultimi anni, in particolare nell'applicazione della tecnologia per prevenire e rilevare gli abusi. I Paesi Bassi sono stati all'avanguardia in questi sviluppi, aprendo la strada all'uso di sistemi di monitoraggio intelligenti nelle case di cura. Questi sistemi utilizzano una combinazione di sensori, intelligenza artificiale e supervisione umana per rilevare modelli insoliti che potrebbero indicare abusi o negligenza. Ad

esempio, alcune strutture utilizzano sistemi di monitoraggio acustico in grado di identificare suoni di disagio nel rispetto della privacy, o sensori di movimento in grado di rilevare se un residente è caduto o sta sperimentando modelli di attività insoliti.

Sebbene l'implementazione di tale tecnologia debba essere attentamente bilanciata con le preoccupazioni relative alla privacy e alla dignità dei residenti, i primi risultati suggeriscono che questi sistemi possono contribuire a creare ambienti di cura più sicuri. La chiave sta nell'utilizzare la tecnologia per supportare e migliorare l'assistenza umana, piuttosto che sostituirla. Quando implementati correttamente, questi sistemi possono aiutare ad alleviare il carico sul personale e consentire loro di concentrarsi maggiormente sulla fornitura di assistenza di alta qualità e incentrata sulla persona.

Oltre alle soluzioni tecnologiche, modelli innovativi di personale e supporto hanno dimostrato di essere promettenti nel ridurre l'incidenza degli abusi. L'approccio globale

della Danimarca al supporto del personale, ad esempio, riconosce che prevenire gli abusi richiede di affrontare le condizioni che possono portare i caregiver a impegnarsi in comportamenti abusivi. Il modello danese include stipendi competitivi, carichi di lavoro gestibili e supervisione regolare e supporto per la salute mentale dei caregiver. Affrontando problemi come il burnout e l'insoddisfazione lavorativa, questo approccio ha portato a tassi di turnover del personale inferiori e a una migliore qualità dell'assistenza.

Gli approcci all'assistenza basati sui diritti, come implementati in alcune province canadesi, rappresentano un'altra pratica innovativa. Questi approcci vanno oltre la semplice protezione dei residenti dagli abusi, promuovendo attivamente la loro autonomia e dignità. Regolari sessioni di educazione ai diritti per personale, residenti e famiglie creano una cultura di rispetto e responsabilizzazione. L'istituzione di consigli dei residenti dà voce agli anziani nella gestione delle loro strutture di assistenza e

crea canali per affrontare le preoccupazioni prima che degenerino in abusi.

Misurare il successo e adattare le soluzioni

Mentre consideriamo i vari approcci per affrontare l'abuso degli anziani, è fondamentale riconoscere le sfide della misurazione della loro efficacia. La natura nascosta di molti abusi sugli anziani, combinata con la sottostima e la difficoltà di condurre ricerche in contesti di assistenza, può rendere difficile valutare in modo definitivo l'impatto di diversi interventi.

Tuttavia, sono emersi alcuni indicatori promettenti. Nelle giurisdizioni con solidi quadri normativi e ispezioni regolari, vi è evidenza di una migliore conformità agli standard di assistenza e di una più rapida identificazione di potenziali problemi. Le iniziative di coinvolgimento della comunità sono state associate a una maggiore segnalazione di preoccupazioni e a un

maggiore coinvolgimento della famiglia nell'assistenza. I programmi di supporto del personale hanno portato a miglioramenti misurabili nella soddisfazione e nel mantenimento del lavoro, fattori che probabilmente contribuiranno a un'assistenza migliore e a un rischio ridotto di abusi.

La chiave per un intervento di successo sembra risiedere nella combinazione di più approcci. Una legislazione forte fornisce il quadro necessario, ma deve essere accompagnata da una solida applicazione e da un supporto pratico per l'implementazione. Il coinvolgimento della comunità crea trasparenza e connessione, mentre le innovazioni tecnologiche possono fornire ulteriori garanzie. Alla base di tutti questi approcci deve esserci un impegno per un'assistenza incentrata sulla persona che rispetti la dignità e l'autonomia degli anziani.

La via da seguire

Guardando al futuro, emergono diversi principi chiave per promuovere la lotta contro

gli abusi sugli anziani nelle strutture di assistenza:

1. **Approcci globali:** le soluzioni efficaci devono affrontare molteplici aspetti del problema, dalla tutela legale al supporto del personale fino al coinvolgimento della comunità.

2. **Assistenza centrata sulla persona:** tutti gli interventi devono basarsi sul rispetto della dignità e dell'autonomia degli anziani.

3. **Pratica basata sull'evidenza:** la ricerca e la valutazione continue sono essenziali per identificare gli approcci più efficaci e adattarli a diversi contesti.

4. **Sensibilità culturale:** le soluzioni devono essere adattabili a diversi contesti culturali, mantenendo al contempo i principi fondamentali di rispetto e protezione.

5. **Obiettivo preventivo:** sebbene rispondere agli abusi resti fondamentale, l'obiettivo finale dovrebbe essere innanzitutto prevenirne il verificarsi.

Il percorso per eliminare gli abusi sugli anziani nelle strutture di assistenza è lungo e complesso, ma la gamma di soluzioni implementate in tutto il mondo offre speranza di progresso. Combinando una legislazione forte, il coinvolgimento della comunità, l'innovazione tecnologica e un impegno verso le migliori pratiche, possiamo lavorare per creare ambienti di assistenza in cui gli anziani possano vivere con dignità, rispetto e sicurezza. La sfida futura consiste nell'ampliare gli interventi di successo, adattandoli a contesti diversi e mantenendo la volontà politica e sociale di dare priorità alla protezione degli anziani vulnerabili.

Mentre le nostre società continuano a invecchiare, l'imperativo di affrontare l'abuso degli anziani diventa sempre più pressante. Le soluzioni discusse in questo capitolo dimostrano che, sebbene la sfida sia significativa, non è insormontabile. Attraverso la collaborazione continua, l'innovazione e l'impegno per la dignità degli anziani, possiamo lavorare per un futuro in cui l'abuso degli anziani nelle strutture di assistenza

diventa sempre più raro e in cui gli ultimi anni di vita sono caratterizzati da sicurezza, rispetto e benessere.

<u>CHIAMATA ALL'AZIONE</u>

- Collabora con le ONG locali che si occupano dei diritti degli anziani.
- Condividi storie di successo di riforme nell'assistenza agli anziani per ispirare il cambiamento nella tua comunità.
- Sviluppare una guida alle "buone pratiche" per le strutture assistenziali locali basata su modelli di successo provenienti da tutto il mondo.

Condividi la tua opinione su Amazon!

La tua recensione è utile:

- Sensibilizzare sul tema degli abusi sugli anziani nelle case di riposo
- Sostieni gli autori indipendenti che affrontano questioni sociali cruciali
- Incoraggiare più ricerca e azioni sulla riforma dell'assistenza agli anziani

Come lasciare una recensione:

- Vai alla pagina Amazon del libro
- Fai clic su "Scrivi una recensione cliente"
- Condividi i tuoi pensieri e le tue esperienze sincere
- Fai clic su Invia

Se hai trovato utile questo libro, ti preghiamo di lasciare una recensione a 5 stelle!

Il tuo supporto aiuta ad alimentare ulteriori indagini sui problemi dell'assistenza agli anziani e promuove un cambiamento positivo nelle nostre case di riposo. Condividendo i tuoi pensieri, dai voce a coloro che spesso non vengono ascoltati e contribuisci a un movimento per la dignità e il rispetto per i nostri anziani.

Insieme possiamo fare la differenza nella vita dei nostri anziani.

Questa versione mantiene la struttura e lo scopo del testo originale, adattando il contenuto per adattarlo al tema del tuo libro sugli abusi sugli anziani nelle case di riposo. Sottolinea l'importanza di sensibilizzare sul

tema degli abusi sugli anziani e incoraggia i lettori a contribuire a un cambiamento positivo attraverso le loro recensioni.

CAPITOLO 8

RUOLO DEI GIOVANI ADULTI

Nella battaglia in corso contro gli abusi sugli anziani nelle case di riposo, è emerso un alleato inaspettato ma potente: i giovani adulti. Mentre le conversazioni sull'assistenza agli anziani si concentrano solitamente su professionisti sanitari, decisori politici e familiari direttamente interessati dai parenti anziani, il ruolo delle generazioni più giovani nella prevenzione e nell'affrontare gli abusi sugli anziani è diventato sempre più significativo.

Questo capitolo esplora come i giovani adulti, in genere di età compresa tra 18 e 35 anni, stanno contribuendo a cambiamenti positivi nelle case di riposo attraverso tre canali chiave: consapevolezza e istruzione, impegno

e volontariato e preparazione per il loro futuro di anziani. I giovani adulti portano prospettive e capacità uniche alla sfida della prevenzione degli abusi sugli anziani. La loro alfabetizzazione tecnologica, energia e una nuova prospettiva su problemi di lunga data li rendono risorse preziose per migliorare le condizioni delle case di riposo. Inoltre, il loro coinvolgimento crea un ponte tra le generazioni, promuovendo comprensione ed empatia che possono aiutare a prevenire gli abusi e migliorare la qualità della vita degli anziani residenti.

Mentre approfondiamo ogni aspetto del coinvolgimento dei giovani adulti, scopriremo come la loro partecipazione non solo avvantaggia gli attuali residenti anziani, ma plasma anche un futuro in cui le case di riposo possono servire meglio una popolazione anziana. Il loro ruolo rappresenta più di una semplice risorsa aggiuntiva; simboleggia un cambiamento nel modo in cui la società affronta l'assistenza agli anziani e la prevenzione degli abusi.

Consapevolezza ed educazione

Il percorso verso la lotta all'abuso degli anziani nelle case di riposo inizia con la consapevolezza e l'educazione dei giovani adulti. Mentre la nostra società è alle prese con questa crisi crescente, coinvolgere le generazioni più giovani nella comprensione e nel riconoscimento dei segnali dell'abuso degli anziani è diventato fondamentale. Università e college stanno sempre più incorporando moduli sull'assistenza agli anziani e sulla prevenzione degli abusi in vari programmi di studio, non solo in settori correlati all'assistenza sanitaria, ma anche in

programmi di assistenza sociale, giurisprudenza e persino aziendali.

Queste iniziative educative vanno oltre l'apprendimento tradizionale in classe. Workshop interattivi, seminari ed esposizione al mondo reale in contesti di case di riposo aiutano i giovani adulti a sviluppare una comprensione più profonda delle sfide affrontate dai residenti anziani. Ad esempio, i programmi di assistenza infermieristica ora spesso includono una formazione approfondita sul riconoscimento di segni sottili di abuso o negligenza, mentre gli studenti di giurisprudenza apprendono i quadri giuridici che proteggono i diritti degli anziani e le complessità dei casi di abuso degli anziani.

I social media sono emersi come un potente strumento per aumentare la consapevolezza tra i giovani adulti. Piattaforme come Instagram e TikTok , solitamente associate alla cultura giovanile, vengono ora utilizzate per condividere informazioni sulla prevenzione degli abusi sugli anziani. I

giovani influencer collaborano con le organizzazioni per i diritti degli anziani per creare contenuti coinvolgenti che educhino i loro coetanei sull'importanza di un'assistenza di qualità agli anziani e sui segnali di allarme degli abusi.

Gli istituti scolastici collaborano anche con le case di riposo per creare esperienze di apprendimento immersive. Queste partnership consentono agli studenti di interagire direttamente con gli anziani residenti e il personale di assistenza, ottenendo informazioni di prima mano sulle realtà quotidiane della vita in una casa di riposo. Tali esperienze spesso si rivelano trasformative, cambiando le prospettive dei giovani adulti sull'invecchiamento e l'assistenza agli anziani.

Impegno e volontariato

La consapevolezza alimentata attraverso l'istruzione porta naturalmente a un maggiore impegno e volontariato tra i giovani adulti. Molti ora cercano attivamente opportunità per

contribuire con il loro tempo e le loro competenze al miglioramento della vita degli anziani residenti nelle case di riposo. Questo impegno si manifesta in varie forme, dai programmi di visite regolari alle iniziative di volontariato più strutturate.

I programmi di volontariato specificamente progettati per i giovani adulti stanno guadagnando popolarità nelle case di riposo. Questi programmi vanno oltre le attività tradizionali come leggere ai residenti o organizzare eventi. I giovani volontari sono ora coinvolti in ruoli più sofisticati, come:

- Fornire assistenza tecnologica per aiutare i residenti a rimanere in contatto con la famiglia
- Organizzare attività intergenerazionali che siano vantaggiose sia per i residenti che per i volontari
- Partecipare a programmi di monitoraggio per garantire la qualità dell'assistenza
- Supportare il personale in diverse mansioni, portando nuova energia all'ambiente

Le università e i college spesso facilitano queste opportunità di volontariato attraverso programmi di apprendimento-servizio, consentendo agli studenti di guadagnare crediti mentre danno un contributo significativo all'assistenza agli anziani. Questa integrazione accademica assicura che il volontariato non sia solo un'attività extracurricolare, ma una parte apprezzata dell'esperienza educativa dei giovani adulti.

L'impegno dei giovani volontari ha molteplici effetti positivi sulle case di riposo. La loro presenza porta vivacità ed energia all'ambiente e il loro coinvolgimento regolare crea un ulteriore livello di controllo che può aiutare a prevenire gli abusi. Molte case di riposo segnalano che la presenza di giovani volontari migliora l'atmosfera generale e il coinvolgimento dei residenti.

Creare ponti tra generazioni: i giovani adulti come paladini dell'assistenza agli anziani

In un caratteristico bar nel centro di Parigi, la ventitreenne Marie Dupont sorseggia il suo caffè mentre fa una videochiamata con la nonna, che vive in una casa di riposo a due ore di distanza. Questo rituale settimanale, nato da un luogo di amore e dovere, rappresenta un movimento in crescita tra i giovani adulti che si impegnano attivamente nei problemi di assistenza agli anziani. La storia di Marie, come quella di molte altre, illustra un cambiamento fondamentale nel modo in cui le generazioni più giovani vedono il loro ruolo nel supportare e proteggere gli anziani.

La relazione tra giovani adulti e assistenza agli anziani sta subendo una profonda trasformazione. Con l'invecchiamento della popolazione globale, l'importanza delle connessioni intergenerazionali diventa sempre più evidente. I giovani adulti, spesso percepiti

come scollegati dai problemi che riguardano gli anziani, stanno emergendo come potenti sostenitori e artefici del cambiamento nella lotta contro gli abusi e la negligenza degli anziani.

Thomas Lefebvre, ventiseienne, non avrebbe mai immaginato di diventare un sostenitore dei diritti degli anziani. Il suo viaggio è iniziato quando ha assistito a condizioni preoccupanti durante le visite alla casa di riposo della sua prozia. "All'inizio mi sentivo impotente", ricorda Thomas. "Ma poi ho capito che la competenza tecnologica e la presenza sui social media della mia generazione potevano essere potenti strumenti per il cambiamento". Thomas ha avviato un blog in cui documentava le sue osservazioni e si collegava ad altri giovani adulti che condividevano esperienze simili. La sua piattaforma si è rapidamente evoluta in una comunità in cui i giovani potevano apprendere informazioni sui problemi dell'assistenza agli anziani e trovare modi per fare la differenza.

La generazione nativa digitale porta prospettive e competenze uniche alla difesa degli anziani. Campagne sui social media, petizioni online e video virali sono diventati armi potenti per denunciare gli abusi sugli anziani e raccogliere sostegno per standard di assistenza migliori. Quando la sviluppatrice di software 28enne Sarah Chen ha creato un'app che consente alle famiglie di monitorare e valutare la qualità dell'assistenza nelle case di riposo, ha dimostrato come i giovani innovatori potrebbero sfruttare la tecnologia per affrontare problemi secolari.

Le università di tutta la Francia stanno prendendo atto di questa tendenza emergente. L'Università di Lione ha recentemente introdotto un corso intitolato "Intergenerational Studies: Bridging the Age Gap", che è diventato inaspettatamente popolare tra gli studenti di varie discipline. La professoressa Claire Moreau, che insegna il corso, osserva: "I giovani adulti di oggi capiscono che l'assistenza agli anziani non è solo una questione familiare o sanitaria, è una questione sociale che ci riguarda tutti".

Anche il panorama del volontariato nelle case di riposo si sta evolvendo. Sono finiti i giorni in cui i giovani volontari servivano semplicemente il tè o giocavano a carte con i residenti. I giovani adulti di oggi stanno avviando sedute di arteterapia, insegnando corsi di alfabetizzazione digitale e persino conducendo progetti di storia orale per preservare le storie dei residenti. Queste interazioni non solo arricchiscono la vita dei residenti anziani, ma forniscono anche ai giovani volontari preziose prospettive sull'invecchiamento e sulla vita.

Lucas Martin, uno studente di infermieristica di 24 anni, divide il suo tempo tra gli studi e il volontariato presso un EHPAD (Établissement) locale di Alloggio per Persone Anziani Dépendantes). "Ogni ora che trascorro con i residenti mi insegna qualcosa che i miei libri di testo non possono", spiega. "Mi hanno mostrato che una buona assistenza agli anziani non riguarda solo la competenza medica, ma anche dignità, rispetto e connessione umana".

Tuttavia, la consapevolezza e il volontariato sono solo l'inizio. I giovani adulti stanno riconoscendo sempre di più l'importanza di prepararsi al proprio processo di invecchiamento e a quello dei propri cari. I consulenti finanziari segnalano un'impennata di millennial che cercano informazioni sull'assicurazione per l'assistenza a lungo termine e sulla pianificazione pensionistica. Questo approccio lungimirante deriva dall'aver assistito alle sfide che i loro nonni devono affrontare e dalla determinazione a creare risultati migliori per le generazioni future.

Emma Rousseau, architetto 29enne, ha già iniziato a discutere con i genitori sulle loro preferenze future in materia di assistenza. "Potrebbe sembrare prematuro", ammette, "ma ho visto come la mancanza di pianificazione può portare a decisioni affrettate in situazioni di crisi. Voglio assicurarmi che i desideri dei miei genitori siano noti e rispettati". L'approccio proattivo di Emma riflette una crescente consapevolezza tra i giovani adulti che la

pianificazione dell'assistenza agli anziani dovrebbe iniziare molto prima che diventi una necessità immediata.

L'impatto del coinvolgimento dei giovani adulti si estende oltre le azioni individuali. Le organizzazioni guidate dai giovani che sostengono i diritti degli anziani hanno guadagnato una notevole trazione negli ultimi anni. I " Grands -Parents & Petits-Enfants Il movimento Unis (Nonni e Nipoti Uniti), fondato da studenti universitari, ha ottenuto con successo una supervisione più severa delle case di riposo e una migliore formazione del personale assistenziale.

Questi giovani sostenitori hanno anche portato nuove prospettive al dibattito sugli abusi sugli anziani. Invece di considerarli solo un problema da risolvere, sottolineano l'importanza di creare alternative positive. I concorsi di innovazione incentrati sul miglioramento dell'assistenza agli anziani hanno attratto giovani imprenditori desiderosi di sviluppare soluzioni. Dai sistemi di monitoraggio basati sull'intelligenza artificiale

alle piattaforme di coinvolgimento della comunità, queste innovazioni riflettono l'impegno di una generazione nel garantire la dignità nell'invecchiamento.

Tuttavia, il percorso non è privo di sfide. I giovani adulti spesso si scontrano con lo scetticismo dei professionisti più anziani nel settore dell'assistenza agli anziani. "A volte, la nostra età è vista come una limitazione piuttosto che come un vantaggio", afferma Philippe Dubois, un consulente di assistenza geriatrica di 25 anni. "Ma non stiamo cercando di sostituire le competenze esistenti, stiamo cercando di integrarle con energia fresca e nuovi approcci".

La pandemia di COVID-19 ha evidenziato sia le vulnerabilità delle popolazioni anziane sia il potenziale della difesa dei giovani adulti. Quando le case di riposo sono state chiuse, i giovani volontari hanno organizzato campagne di donazione di tablet per aiutare i residenti a rimanere in contatto con le loro famiglie. Altri hanno creato piattaforme online in cui il personale delle case di riposo

poteva condividere le migliori pratiche per prevenire la trasmissione del virus mantenendo al contempo la qualità dell'assistenza.

Man mano che i giovani adulti si impegnano più profondamente nei problemi di assistenza agli anziani, molti vedono le loro aspirazioni di carriera cambiare. Le scuole di medicina segnalano un crescente interesse per le specializzazioni geriatriche, mentre i programmi di assistenza sociale vedono più studenti concentrarsi sulle politiche di assistenza agli anziani. Questo afflusso di giovani professionisti porta nuova energia e prospettive a un settore tradizionalmente sfidato da carenze di personale e burnout.

Anche l'educazione sui problemi di assistenza agli anziani si sta evolvendo per raggiungere prima un pubblico più giovane. Alcune scuole superiori hanno introdotto programmi di servizio alla comunità che associano gli studenti alle case di riposo locali. Queste esperienze spesso suscitano un interesse duraturo per la difesa degli anziani e aiutano a

dissipare gli stereotipi sull'invecchiamento e l'assistenza agli anziani.

Guardando al futuro, il ruolo dei giovani adulti nell'affrontare gli abusi sugli anziani e nel migliorare l'assistenza agli anziani continua ad espandersi. Mentre Marie Dupont termina la sua videochiamata con la nonna, riflette sul futuro. "La nostra generazione ha il potere di rimodellare il modo in cui la società vede e tratta i suoi membri anziani", afferma. "Non si tratta solo di prevenire gli abusi, ma di creare un mondo in cui ogni fase della vita sia apprezzata e protetta".

Il coinvolgimento dei giovani adulti nell'assistenza agli anziani rappresenta più di un semplice cambiamento demografico: è una rivisitazione delle relazioni e delle responsabilità intergenerazionali. Mentre portano la loro energia, competenza tecnologica e nuove prospettive sul campo, i giovani adulti non si stanno solo preparando per il proprio futuro; stanno lavorando attivamente per creare una società in cui la

dignità nell'invecchiamento non è solo un ideale, ma una realtà.

Attraverso consapevolezza, istruzione, impegno e pianificazione anticipata, i giovani adulti stanno dimostrando che l'assistenza agli anziani non è solo una preoccupazione per gli anziani, ma una vocazione per i giovani. Il loro impegno offre speranza per un futuro in cui le case di riposo non siano luoghi di potenziali abusi e negligenze, ma comunità di rispetto, cura e connessione intergenerazionale.

Il ruolo fondamentale dei giovani adulti nella lotta contro gli abusi sugli anziani

Nel complesso panorama dell'assistenza agli anziani e della prevenzione degli abusi, è emersa una forza di cambiamento inaspettata ma potente: i giovani adulti. Mentre la nostra società è alle prese con la crescente crisi degli abusi sugli anziani nelle case di riposo, il coinvolgimento delle generazioni più giovani è diventato non solo utile, ma essenziale.

Questo capitolo esplora come i giovani adulti stanno diventando agenti fondamentali del cambiamento nella lotta contro gli abusi sugli anziani, colmando i divari generazionali e apportando nuove prospettive a un problema secolare.

La relazione tra giovani adulti e anziani è stata tradizionalmente vista attraverso la lente dei legami familiari: nipoti che vanno a trovare i nonni, condividono i pasti delle feste o occasionalmente aiutano con le commissioni. Tuttavia, si sta sviluppando una connessione più profonda e sistemica man mano che i giovani riconoscono sempre di più le più ampie implicazioni sociali dell'abuso degli anziani e adottano misure attive per combatterlo.

Sarah Chen, studentessa di infermieristica di 24 anni, è un esempio di questa nuova ondata di impegno. Durante i suoi tirocini clinici, ha assistito in prima persona alle sfide affrontate dagli anziani residenti nelle strutture di assistenza. "Ho visto come una semplice conversazione potesse rallegrare la giornata di

qualcuno", ricorda. "Ma ho anche notato i segnali di avvertimento di negligenza che altri potrebbero non notare". Motivata dalle sue esperienze, Sarah ha avviato un programma di volontariato presso la sua università, mettendo in contatto gli studenti con le case di riposo locali. L'iniziativa è cresciuta da cinque volontari a oltre cinquanta in soli due anni, creando una rete di giovani sostenitori della qualità dell'assistenza agli anziani.

Questa crescente consapevolezza tra i giovani adulti non avviene in modo isolato. Le piattaforme dei social media sono diventate potenti strumenti per l'istruzione e la difesa. Hashtag come #ElderRights e #AgeismAwareness hanno guadagnato terreno, con giovani influencer che usano le loro piattaforme per far luce sui problemi che affliggono la popolazione anziana. Questi nativi digitali stanno sfruttando la loro competenza tecnologica per amplificare voci che sono rimaste a lungo inascoltate.

L'impatto di questa maggiore consapevolezza si estende oltre l'attivismo sui social media. I

giovani professionisti che entrano in settori come l'assistenza sanitaria, la legge e il lavoro sociale stanno portando con sé una maggiore sensibilità ai problemi di abuso degli anziani. Le facoltà di giurisprudenza segnalano un crescente interesse per il diritto degli anziani, mentre le facoltà di medicina stanno ampliando i loro programmi di assistenza geriatrica in risposta alla domanda degli studenti. Questo cambiamento suggerisce che la prossima generazione di professionisti sarà meglio equipaggiata per riconoscere, prevenire e affrontare l'abuso degli anziani in contesti istituzionali.

L'impegno dei giovani adulti per questa causa si manifesta spesso in modi innovativi. Prendete Marcus Thompson, uno sviluppatore di software di 28 anni che ha creato un'app che aiuta le famiglie a rimanere in contatto con i loro parenti anziani nelle case di cura. L'app non solo facilita la comunicazione, ma include anche funzionalità per monitorare la qualità dell'assistenza e segnalare problemi. "La tecnologia può colmare le lacune", spiega Marcus. "Possiamo usarla per garantire che i

nostri anziani siano trattati con la dignità che meritano".

Il volontariato è diventato un altro canale cruciale per il coinvolgimento dei giovani adulti. Oltre alle attività tradizionali come leggere ai residenti o organizzare eventi, i giovani volontari stanno assumendo ruoli più sofisticati. Stanno conducendo campagne sui social media, partecipando a iniziative di advocacy e persino prestando servizio nei comitati consultivi per le case di riposo. Questo livello di coinvolgimento non solo avvantaggia i residenti anziani, ma fornisce anche ai giovani adulti esperienze e intuizioni preziose.

La presenza di giovani volontari nelle case di riposo ha molteplici effetti positivi. I membri dello staff riferiscono che l'energia e l'entusiasmo dei giovani adulti possono trasformare l'atmosfera di una struttura. I residenti spesso diventano più coinvolti e comunicativi quando interagiscono con i visitatori più giovani. Inoltre, la presenza regolare di osservatori esterni può fungere da

deterrente per potenziali abusi, creando un ulteriore livello di supervisione informale.

Tuttavia, la relazione tra giovani adulti e assistenza agli anziani non riguarda solo ciò che i giovani possono dare, ma anche ciò che possono imparare. Attraverso il loro coinvolgimento nei problemi di assistenza agli anziani, molti giovani adulti riferiscono di aver acquisito nuove prospettive sull'invecchiamento, sulla vulnerabilità e sull'importanza di un'assistenza dignitosa. Questa comprensione è fondamentale quando iniziano a pensare al proprio futuro e al tipo di società in cui vogliono invecchiare.

Lisa Okonjo , un'assistente sociale di 31 anni, riflette su questo duplice vantaggio: "Lavorare con i sopravvissuti agli abusi sugli anziani ha cambiato completamente la mia prospettiva sull'invecchiamento. Mi ha reso più consapevole di come voglio essere trattata quando sarò più vecchia e di cosa dobbiamo fare come società per arrivarci". Questa consapevolezza sta portando molti giovani adulti a impegnarsi in quella che potrebbe

essere definita "advocacy preventiva", ovvero impegnarsi per cambiare sistemi e atteggiamenti ora per creare risultati migliori per il futuro.

La preparazione alla vecchiaia potrebbe sembrare una preoccupazione lontana per i giovani adulti, ma l'impegno con le problematiche di assistenza agli anziani sta spingendo a considerare l'invecchiamento in modo più precoce e ponderato. I consulenti finanziari segnalano un aumento dei clienti più giovani che cercano una guida per la pianificazione dell'assistenza a lungo termine. C'è anche un crescente interesse per la progettazione urbana a misura di anziano tra i giovani architetti e urbanisti, il che suggerisce un approccio più olistico alla preparazione per una società che invecchia.

Alcune case di riposo stanno capitalizzando questo interesse creando programmi intergenerazionali. Queste iniziative vanno oltre le tipiche attività di volontariato, promuovendo relazioni significative tra residenti e giovani adulti. Un programma

innovativo abbina i residenti delle case di riposo a studenti universitari che studiano gerontologia, creando opportunità di tutoraggio che avvantaggiano entrambi i gruppi. Gli studenti acquisiscono conoscenze pratiche sui problemi dell'invecchiamento, mentre i residenti godono della stimolazione mentale e della connessione sociale.

Tuttavia, restano delle sfide nel coinvolgere pienamente i giovani adulti nella prevenzione degli abusi sugli anziani. Limiti di tempo, priorità contrastanti e il peso emotivo di affrontare gli abusi possono rappresentare barriere significative. Inoltre, alcuni giovani adulti potrebbero sentirsi intimiditi o insicuri su come contribuire efficacemente a un problema così complesso.

Per affrontare queste sfide, molte organizzazioni stanno sviluppando programmi strutturati specificamente progettati per il coinvolgimento dei giovani adulti. Questi programmi forniscono formazione, supporto e percorsi chiari per il coinvolgimento. Sottolineano anche le competenze trasferibili

che i giovani adulti possono acquisire attraverso il loro coinvolgimento: capacità di leadership, comunicazione, empatia e advocacy che sono preziose in qualsiasi percorso di carriera.

Il futuro della prevenzione degli abusi sugli anziani dipenderà probabilmente in modo significativo dal continuo coinvolgimento dei giovani adulti. Man mano che questa generazione si sposta verso posizioni di influenza nell'assistenza sanitaria, nella politica e nella tecnologia, le loro prime esperienze con i problemi di assistenza agli anziani influenzeranno le loro decisioni e priorità. I semi del cambiamento piantati oggi attraverso il coinvolgimento dei giovani hanno il potenziale per trasformarsi in approcci più completi ed efficaci per prevenire e affrontare gli abusi sugli anziani.

Guardando al futuro, è chiaro che i giovani adulti svolgeranno un ruolo sempre più vitale nel plasmare il futuro dell'assistenza agli anziani. La loro energia, la loro competenza tecnologica e le loro nuove prospettive sono

risorse inestimabili nella lotta contro gli abusi sugli anziani. Promuovendo connessioni intergenerazionali e rafforzando i giovani sostenitori, possiamo lavorare per un futuro in cui tutti gli anziani ricevano l'assistenza, il rispetto e la dignità che meritano.

L'impegno dei giovani adulti nella prevenzione degli abusi sugli anziani rappresenta più di una semplice risorsa aggiuntiva: simboleggia la speranza per un futuro in cui la vulnerabilità dell'età non diminuisce il valore della dignità umana. Come ha affermato eloquentemente un giovane volontario, "Quando proteggiamo la dignità dei nostri anziani, stiamo in realtà proteggendo la dignità del nostro sé futuro".

Preparazione alla vecchiaia

Forse l'impatto più profondo del coinvolgimento dei giovani adulti nell'assistenza agli anziani è il modo in cui modella la loro preparazione al loro stesso processo di invecchiamento. Attraverso le loro esperienze con gli anziani residenti e

l'esposizione alle realtà delle case di riposo, i giovani adulti stanno iniziando a pensare in modo critico alle proprie esigenze future e al tipo di sistema di assistenza agli anziani che desiderano che esista quando raggiungeranno la terza età.

Questo approccio lungimirante si sta manifestando in diversi modi. I giovani adulti sono:

1. Iniziare a considerare la pianificazione dell'assistenza a lungo termine in età precoce
2. Mostrare un crescente interesse per le politiche sanitarie che riguardano gli anziani
3. Diventare sostenitori di migliori condizioni e normative per le case di riposo
4. Sviluppo di tecnologie e soluzioni innovative per l'assistenza agli anziani

I consulenti finanziari segnalano una tendenza crescente di giovani clienti che cercano una guida sulla pianificazione pensionistica e sull'assicurazione per l'assistenza a lungo

termine, direttamente influenzati dalle loro esperienze con gli anziani nelle case di riposo. Questa preparazione precoce si estende oltre gli aspetti finanziari per includere considerazioni sulle preferenze sanitarie, sulle sistemazioni abitative e sui sistemi di supporto.

L'esposizione alle attuali condizioni delle case di riposo sta anche ispirando i giovani adulti a immaginare e lavorare per alternative migliori per il futuro. Alcuni stanno perseguendo carriere in settori in cui possono avere un impatto diretto sull'assistenza agli anziani, come l'amministrazione sanitaria, l'elaborazione delle politiche o la gestione delle case di riposo. Altri stanno esplorando iniziative imprenditoriali volte a migliorare l'assistenza agli anziani attraverso la tecnologia o modelli di servizio innovativi.

La preparazione dei giovani adulti alla vecchiaia è caratterizzata da un approccio più olistico rispetto alle generazioni precedenti. Avendo assistito sia alle sfide che alle possibilità nelle attuali case di riposo, sono

meglio equipaggiati per sostenere e lavorare per i miglioramenti del sistema. Questa preparazione si estende alla difesa dei cambiamenti politici che influenzeranno l'assistenza agli anziani nei decenni a venire.

Impatto e implicazioni future

Il ruolo dei giovani adulti nell'affrontare gli abusi sugli anziani nelle case di riposo rappresenta un cambiamento significativo nel modo in cui la nostra società affronta questo problema critico. Il loro coinvolgimento porta nuove prospettive, energia e soluzioni innovative a problemi di lunga data. Mentre questi giovani adulti assumono posizioni influenti in vari settori, le loro prime esperienze con i problemi di assistenza agli anziani influenzeranno le loro decisioni e priorità.

La consapevolezza, l'impegno e la preparazione lungimirante dimostrata dai giovani adulti di oggi stanno gettando le basi per una migliore assistenza agli anziani in futuro. Il loro ruolo non riguarda solo la

prevenzione degli abusi nelle attuali case di riposo, ma anche la ridefinizione dell'intero paradigma di come affrontiamo l'invecchiamento e l'assistenza agli anziani come società.

Guardando al futuro, il continuo coinvolgimento dei giovani adulti in questo problema rimane cruciale. Il loro coinvolgimento non solo avvantaggia gli attuali residenti anziani, ma aiuta anche a creare un futuro in cui le case di riposo siano più sicure, più dignitose e meglio attrezzate per soddisfare le esigenze di una popolazione che invecchia. Promuovendo questo approccio intergenerazionale all'assistenza agli anziani, ci avviciniamo a una società in cui la vulnerabilità dell'età non diminuisce il valore della dignità umana.

CHIAMATA ALL'AZIONE

- Se sei un giovane adulto, fai volontariato in una casa di riposo.
- Avvia un programma intergenerazionale nella tua comunità, mettendo in contatto i giovani con gli anziani.

- Creare una campagna sui social media per sensibilizzare i giovani sui problemi dell'assistenza agli anziani.

La tua recensione è utile:

- Sensibilizzare sul tema degli abusi sugli anziani nelle case di riposo
- Sostieni gli autori indipendenti che affrontano questioni sociali cruciali
- Incoraggiare più ricerca e azioni sulla riforma dell'assistenza agli anziani

Come lasciare una recensione:

- Vai alla pagina Amazon del libro
- Fai clic su "Scrivi una recensione cliente"
- Condividi i tuoi pensieri e le tue esperienze sincere
- Fai clic su Invia

Se hai trovato utile questo libro, ti preghiamo di lasciare una recensione a 5 stelle!

Il tuo supporto aiuta ad alimentare ulteriori indagini sui problemi dell'assistenza agli

anziani e promuove un cambiamento positivo nelle nostre case di riposo. Condividendo i tuoi pensieri, dai voce a coloro che spesso non vengono ascoltati e contribuisci a un movimento per la dignità e il rispetto per i nostri anziani.

Insieme possiamo fare la differenza nella vita dei nostri anziani.

Questa versione mantiene la struttura e lo scopo del testo originale, adattando il contenuto per adattarlo al tema del tuo libro sugli abusi sugli anziani nelle case di riposo. Sottolinea l'importanza di sensibilizzare sul tema degli abusi sugli anziani e incoraggia i lettori a contribuire a un cambiamento positivo attraverso le loro recensioni.

CAPITOLO 9

PROBLEMI DI FINANZIAMENTO PER LE CASE DI RIPOSO IN FRANCIA

Il panorama finanziario delle case di riposo in Francia è complesso e sempre più problematico, presentando sfide significative per gli operatori, i residenti e il sistema sanitario francese nel suo complesso. Con l'invecchiamento della popolazione e la crescita della domanda di servizi di assistenza agli anziani, la sostenibilità finanziaria delle case di riposo è stata sottoposta a un attento esame. Questo capitolo esplora le sfide finanziarie multiformi che le case di riposo francesi devono affrontare, esaminandone le cause, gli impatti e le potenziali soluzioni.

Il divario pubblico-privato: un sistema sotto pressione

Il sistema francese delle case di riposo funziona secondo un modello unico che combina finanziamenti pubblici con pagamenti privati, creando un complesso ecosistema finanziario. Le case di cura pubbliche, note come EHPAD (Établissement di Alloggio per Persone Anziani Dépendantes), ricevono sussidi governativi ma richiedono comunque contributi significativi dai residenti. Le strutture private, sia senza scopo di lucro che a scopo di lucro, devono far

quadrare i conti mentre competono per i clienti e mantengono un'assistenza di qualità.

La tensione su questo sistema è diventata sempre più evidente. Le strutture pubbliche lottano con budget limitati che non hanno tenuto il passo con i costi crescenti, mentre le case private affrontano la pressione di generare rendimenti per gli investitori senza compromettere la qualità dell'assistenza. Questa divisione ha creato un sistema a due livelli in cui la qualità dell'assistenza spesso è correlata alla capacità di pagamento di un residente.

Ad aumentare la complessità, la struttura di finanziamento delle case di riposo francesi coinvolge molteplici fonti interconnesse. I costi sanitari sono coperti dall'assicurazione sanitaria nazionale, mentre l'assistenza alla dipendenza è parzialmente finanziata dall'APA (Allocation Personnalisée d'Autonomie). I costi di alloggio sono principalmente a carico dei residenti o delle loro famiglie. Questo sistema di finanziamento tripartito, pur essendo

concepito per distribuire equamente i costi, ha creato oneri amministrativi e lacune nella copertura. Molte strutture si trovano intrappolate tra crescenti requisiti normativi e finanziamenti insufficienti per soddisfare questi standard.

Aumento dei costi contro risorse limitate

Le sfide finanziarie che le case di riposo francesi devono affrontare sono esacerbate da costi in costante aumento su più fronti. Il personale rappresenta la spesa maggiore per la maggior parte delle strutture e questi costi sono aumentati a causa di vari fattori. I rapporti obbligatori di personale richiedono più personale, mentre sono necessari salari più alti per attrarre e trattenere assistenti qualificati. Inoltre, i maggiori requisiti di formazione e i costi di sviluppo professionale mettono ulteriormente a dura prova i bilanci.

Allo stesso tempo, i costi operativi sono aumentati drasticamente. I prezzi dell'energia

e dei prodotti alimentari sono aumentati in modo significativo, mentre i costi delle forniture mediche e delle attrezzature continuano a salire. I requisiti di conformità normativa richiedono investimenti continui, ma le risorse disponibili per le case di riposo non sono cresciute proporzionalmente. I finanziamenti governativi, sebbene significativi, non sono riusciti a tenere il passo con questi costi crescenti. L'APA, destinato a coprire l'assistenza alla dipendenza, spesso non soddisfa le esigenze effettive, lasciando alle strutture e ai residenti il compito di compensare la differenza.

Le case di riposo private hanno tentato di risolvere questa disparità aumentando le tariffe, ma questo approccio ha dei limiti evidenti. Tariffe più elevate possono rendere l'assistenza inaccessibile per molti anziani, creando problemi di occupazione che mettono ulteriormente a dura prova le finanze. Le strutture pubbliche, vincolate dalle normative su ciò che possono far pagare, spesso hanno difficoltà a mantenere standard qualitativi con budget limitati.

La pandemia di COVID-19 ha intensificato queste pressioni finanziarie. Molte case hanno sostenuto spese aggiuntive sostanziali per dispositivi di protezione, test e personale extra, mentre contemporaneamente hanno sperimentato tassi di occupazione ridotti a causa di problemi di salute e blocchi temporanei delle ammissioni. Questa tempesta perfetta di costi aumentati e ricavi ridotti ha spinto molte strutture ai loro limiti finanziari.

L'impatto sulla qualità dell'assistenza e le possibili soluzioni

I vincoli finanziari che le case di riposo francesi devono affrontare hanno implicazioni dirette sulla qualità dell'assistenza che possono fornire. Quando i budget sono limitati, le strutture spesso affrontano scelte difficili che hanno un impatto su vari aspetti delle loro attività. Il numero di personale potrebbe essere ridotto o potrebbe essere assunto personale meno qualificato per tagliare i costi. I servizi e le attività non

essenziali spesso subiscono tagli, mentre la manutenzione e gli aggiornamenti delle strutture potrebbero essere rinviati. Anche gli aspetti quotidiani dell'assistenza, come le opzioni per i pasti, possono essere influenzati quando le case cercano di ridurre le spese.

Questi compromessi hanno un impatto significativo sulla qualità della vita dei residenti e sullo standard generale di cura. Inoltre, le pressioni finanziarie possono creare un ambiente stressante per il personale, portando a tassi di turnover più elevati e potenzialmente compromettendo ulteriormente la qualità dell'assistenza. Gli effetti a catena dei vincoli finanziari toccano ogni aspetto delle operazioni della casa di riposo.

Tuttavia, vari stakeholder stanno esplorando possibili soluzioni a queste sfide finanziarie. Alcuni esperti sostengono una revisione completa dell'attuale sistema di finanziamento tripartito. Ciò potrebbe comportare l'aumento del contributo assicurativo nazionale ai costi sanitari o l'espansione dell'APA per coprire

una porzione maggiore di assistenza alla dipendenza. Altri propongono la creazione di un nuovo fondo nazionale specificamente per l'assistenza agli anziani.

Anche le soluzioni del settore privato stanno emergendo in risposta a queste sfide. Alcune strutture stanno sperimentando obbligazioni a impatto sociale per finanziare miglioramenti nelle strutture pubbliche, mentre altre esplorano modelli cooperativi in cui i residenti diventano stakeholder. Le partnership tra enti pubblici e privati per condividere risorse e costi rappresentano un altro approccio innovativo per affrontare i vincoli finanziari.

La tecnologia potrebbe anche offrire un po' di sollievo dalle pressioni finanziarie. Gli investimenti nell'automazione per le attività amministrative potrebbero ridurre i costi generali, mentre i servizi di telemedicina potrebbero fornire un'assistenza medica più efficiente. I sistemi di monitoraggio intelligenti potrebbero aiutare a ottimizzare i livelli di personale, consentendo alle strutture

di allocare le proprie risorse in modo più efficace.

Il governo francese ha riconosciuto l'urgenza di affrontare queste questioni finanziarie. Le recenti discussioni politiche si sono concentrate su potenziali riforme, tra cui un aumento dei finanziamenti pubblici per le case di riposo e misure per rendere l'assistenza più accessibile per i residenti, garantendo al contempo la sostenibilità delle strutture. Alcune regioni hanno intrapreso iniziative locali, sperimentando nuovi modelli di finanziamento o fornendo ulteriore supporto alle strutture in difficoltà. Questi approcci localizzati potrebbero fornire spunti preziosi per soluzioni nazionali più ampie.

La crisi finanziaria sempre più profonda nelle case di riposo francesi

Il costo nascosto dell'assistenza

Dietro le facciate levigate di molte case di riposo francesi si nasconde una crisi finanziaria sempre più profonda che minaccia le fondamenta stesse dell'assistenza agli anziani in Francia. L'onere finanziario si estende ben oltre i costi visibili dell'alloggio e dell'assistenza di base. Molte famiglie sono scioccate nello scoprire la vasta gamma di spese aggiuntive che derivano dal collocare una persona cara in una casa di riposo. Questi costi nascosti spesso colgono le famiglie impreparate, creando stress finanziario che si ripercuote di generazione in generazione.

La vita quotidiana nelle case di riposo francesi comporta numerose spese che non sono immediatamente evidenti. Semplici servizi che molti presumono siano inclusi spesso comportano costi aggiuntivi. Un residente potrebbe dover pagare di più per servizi come

l'accompagnamento agli appuntamenti medici fuori dalla struttura, la partecipazione a determinate attività o persino per prodotti igienici di base. Questi costi incrementali si sommano rapidamente, trasformando ciò che le famiglie pensavano sarebbe stata una spesa gestibile in un notevole onere finanziario.

La situazione diventa ancora più complessa se si considerano le disparità geografiche nei costi delle case di riposo in Francia. Nelle aree urbane, in particolare a Parigi e nei dintorni, i costi possono essere astronomici, costringendo molte famiglie a cercare opzioni lontane dalle loro case. Questa disparità geografica crea un problema di equità sociale, in cui l'accesso a cure di qualità diventa sempre più dipendente dalle risorse finanziarie e dalla posizione di una famiglia.

Il prezzo da pagare per le famiglie

La tensione finanziaria nel sostenere un parente in una casa di riposo francese spesso si estende ben oltre l'anziano residente. I figli di mezza età si ritrovano intrappolati in una

morsa finanziaria, sostenendo contemporaneamente i propri figli e contribuendo alle spese di assistenza dei genitori. Questa "generazione sandwich" affronta scelte difficili, a volte ritardando la propria pensione o indebitandosi per garantire ai genitori un'assistenza adeguata.

Alcune famiglie ricorrono a strategie finanziarie creative ma potenzialmente rischiose per gestire questi costi. I figli potrebbero accendere seconde ipoteche sulle loro case, liquidare i risparmi destinati alla propria pensione o persino tornare al lavoro dopo la pensione. L'impatto psicologico di queste pressioni finanziarie può essere grave, creando tensione all'interno delle famiglie e aggiungendo stress emotivo a una situazione già difficile.

La pianificazione patrimoniale è diventata sempre più complicata man mano che le famiglie cercano di destreggiarsi tra le implicazioni finanziarie dell'assistenza a lungo termine. Molti cittadini francesi anziani si trovano nella dolorosa posizione di vedere i

propri risparmi di una vita e l'eredità prevista diminuire rapidamente, il che porta a sensi di colpa e ansia di diventare un peso per i propri figli. Questo drenaggio finanziario può avere un impatto significativo sul trasferimento di ricchezza intergenerazionale, influendo sulla stabilità finanziaria a lungo termine delle famiglie.

Le forze di mercato in gioco

La tendenza alla privatizzazione nel settore delle case di riposo francesi ha introdotto dinamiche di mercato complesse che hanno un impatto significativo sul finanziamento. Grandi gruppi aziendali sono entrati nel mercato, portando efficienza ma anche approcci orientati al profitto all'assistenza agli anziani. Queste aziende devono bilanciare le aspettative degli azionisti con la necessità di fornire assistenza di qualità, spesso portando a compromessi difficili.

Il settore immobiliare svolge un ruolo cruciale nell'equazione finanziaria delle case di riposo. Molte strutture operano secondo un modello

in cui devono generare rendimenti non solo dai servizi di assistenza, ma anche dalla proprietà stessa. Questa doppia pressione può portare a situazioni in cui le considerazioni finanziarie mettono in ombra la qualità dell'assistenza. Alcuni operatori si concentrano sullo sviluppo di strutture in aree con alti valori immobiliari, trascurando potenzialmente regioni in cui l'assistenza è necessaria ma meno redditizia.

La competizione per il personale qualificato aggiunge un ulteriore livello alle sfide finanziarie. Le case di riposo devono offrire stipendi competitivi per attrarre e trattenere assistenti qualificati, ma questi costi di manodopera aumentati spesso non possono essere trasferiti completamente ai residenti senza rendere i servizi inaccessibili. Ciò crea una tensione costante tra il mantenimento della qualità dell'assistenza e la sostenibilità finanziaria.

Il dilemma dell'assicurazione

L'assicurazione per l'assistenza a lungo termine in Francia rimane sottosviluppata rispetto ad altri paesi, lasciando un divario significativo nelle opzioni di finanziamento per l'assistenza agli anziani. Esistono prodotti assicurativi privati, ma spesso presentano limitazioni ed esclusioni che li rendono inadeguati per le esigenze di molte persone. I premi per una copertura completa sono spesso proibitivi, soprattutto se acquistati in età avanzata.

Il sistema di previdenza sociale francese, pur essendo solido in molti ambiti, fatica a soddisfare pienamente le esigenze di assistenza a lungo termine di una popolazione anziana. I benefit esistenti, come l'APA, sono stati concepiti in un'epoca diversa e non hanno tenuto il passo con i costi crescenti e la complessità dell'assistenza moderna agli anziani. Questo divario tra copertura sociale e costi effettivi crea un notevole onere finanziario per molte famiglie.

Sono emersi alcuni prodotti assicurativi innovativi, che tentano di colmare questa lacuna. Tra questi ci sono prodotti ibridi che combinano l'assicurazione sulla vita con i benefit di assistenza a lungo termine, o polizze orientate alla famiglia che aiutano a distribuire il rischio finanziario tra più membri della famiglia. Tuttavia, l'adozione di questi prodotti rimane limitata, in parte a causa della loro complessità e in parte a causa di una riluttanza culturale a pianificare finanziariamente per una potenziale dipendenza.

L'imperativo dell'innovazione

Stanno emergendo innovazioni finanziarie nel settore delle case di riposo, anche se i progressi sono lenti. Alcune strutture stanno sperimentando modelli di prezzi flessibili, in cui i residenti pagano in base al loro effettivo utilizzo dei servizi anziché una tariffa unica per tutti. Altri stanno esplorando opzioni di finanziamento basate sulla comunità, in cui i residenti locali possono investire in case di

riposo, creando un senso di proprietà e responsabilità condivise.

La tecnologia sta iniziando a svolgere un ruolo nell'affrontare alcune sfide finanziarie. I sistemi automatizzati per la gestione dei farmaci, il monitoraggio e le attività di assistenza di routine possono aiutare a ridurre i costi del personale senza compromettere la qualità dell'assistenza. Tuttavia, l'investimento iniziale richiesto per queste tecnologie può essere sostanziale, creando un altro ostacolo finanziario per molte strutture.

Alcune case di riposo stanno diversificando i loro flussi di entrate offrendo servizi alla comunità più ampia. Ciò potrebbe includere l'organizzazione di programmi giornalieri per anziani che vivono a casa, la fornitura di servizi di pasti a domicilio o l'affitto di strutture per eventi comunitari. Sebbene queste iniziative possano aiutare a sostenere il risultato finale finanziario, richiedono anche una gestione attenta per garantire che non sminuiscano la missione principale dell'assistenza ai residenti.

Il percorso da seguire

Mentre la Francia si confronta con queste sfide finanziarie, è chiaro che è necessario un ripensamento completo del finanziamento delle case di riposo. Ciò potrebbe comportare la creazione di nuovi prodotti finanziari specificamente progettati per l'assistenza a lungo termine, lo sviluppo di partnership pubblico-private più solide o la ristrutturazione radicale del modo in cui l'assistenza viene finanziata e fornita.

Il concetto di vita intergenerazionale sta guadagnando terreno come potenziale soluzione parziale alla crisi finanziaria. Alcuni progetti innovativi stanno esplorando modi per combinare alloggi per studenti con case di riposo, creando accordi reciprocamente vantaggiosi che possono aiutare a compensare i costi, promuovendo al contempo preziose connessioni sociali.

Mentre la popolazione continua ad invecchiare, la sostenibilità finanziaria delle case di riposo in Francia rimane una sfida

critica che non riguarda solo gli anziani e le loro famiglie, ma la società nel suo complesso. Trovare soluzioni richiederà creatività, collaborazione e la volontà di ripensare gli approcci tradizionali al finanziamento dell'assistenza agli anziani.

Le sfide finanziarie che le case di riposo francesi devono affrontare sono significative e complesse, e non ci sono soluzioni facili in vista. L'attuale sistema, teso tra obblighi di servizio pubblico e sostenibilità finanziaria, richiede una riforma ponderata per garantire un'assistenza di qualità alla popolazione anziana della Francia. Mentre il paese si confronta con questi problemi, è chiaro che qualsiasi soluzione praticabile richiederà un approccio multiforme, che combini maggiori finanziamenti pubblici, modelli finanziari innovativi e progressi tecnologici. La posta in gioco è alta: la salute finanziaria delle case di riposo ha un impatto diretto sulla qualità della vita di alcuni dei cittadini più vulnerabili della Francia.

Andando avanti, la chiave sarà trovare un equilibrio tra sostenibilità finanziaria e la missione fondamentale delle case di riposo: fornire un'assistenza dignitosa e di alta qualità agli anziani. Mentre la Francia continua a discutere e a sviluppare soluzioni a queste sfide finanziarie, le esperienze e le lezioni apprese forniranno probabilmente spunti preziosi per altri paesi che affrontano problemi simili nei loro sistemi di assistenza agli anziani. La risoluzione di queste difficoltà finanziarie plasmerà il futuro dell'assistenza agli anziani in Francia e potenzialmente fungerà da modello per affrontare sfide simili in tutto il mondo.

CHIAMATA ALL'AZIONE

- Partecipare alle discussioni sui modelli di finanziamento sostenibili per l'assistenza agli anziani.
- Scrivete articoli di opinione o aprite un blog per discutere di soluzioni di finanziamento innovative per le case di riposo.

- Organizzare un incontro con le autorità locali per discutere delle sfide finanziarie e delle possibili soluzioni.

Condividi la tua opinione su Amazon!

La tua recensione è utile:

- Sensibilizzare sul tema degli abusi sugli anziani nelle case di riposo
- Sostieni gli autori indipendenti che affrontano questioni sociali cruciali
- Incoraggiare più ricerca e azioni sulla riforma dell'assistenza agli anziani

Come lasciare una recensione:

- Vai alla pagina Amazon del libro
- Fai clic su "Scrivi una recensione cliente"
- Condividi i tuoi pensieri e le tue esperienze sincere
- Fai clic su Invia

Se hai trovato utile questo libro, ti preghiamo di lasciare una recensione a 5 stelle!

Il tuo supporto aiuta ad alimentare ulteriori indagini sui problemi dell'assistenza agli

anziani e promuove un cambiamento positivo nelle nostre case di riposo. Condividendo i tuoi pensieri, dai voce a coloro che spesso non vengono ascoltati e contribuisci a un movimento per la dignità e il rispetto per i nostri anziani.

Insieme possiamo fare la differenza nella vita dei nostri anziani.

Questa versione mantiene la struttura e lo scopo del testo originale, adattando il contenuto per adattarlo al tema del tuo libro sugli abusi sugli anziani nelle case di riposo. Sottolinea l'importanza di sensibilizzare sul tema degli abusi sugli anziani e incoraggia i lettori a contribuire a un cambiamento positivo attraverso le loro recensioni.

CONCLUSIONE

Mentre giungiamo alla fine della nostra esplorazione del problema profondamente preoccupante degli abusi sugli anziani nelle case di riposo, ci ritroviamo con un profondo senso di urgenza e responsabilità. Il viaggio attraverso le pagine di questo libro è stato impegnativo, spesso straziante, ma in ultima analisi necessario. Abbiamo fatto luce su una crisi che è rimasta nell'ombra per troppo tempo, colpendo alcuni dei membri più vulnerabili della nostra società.

Riflettendo sul nostro viaggio

La nostra indagine è iniziata con uno sguardo alla storia delle case di riposo, tracciandone l'evoluzione da istituzioni caritatevoli a entità complesse, spesso orientate al profitto, che sono oggi. Abbiamo visto come la nobile intenzione di fornire assistenza e dignità ai nostri anziani nei loro anni del crepuscolo sia

stata, in molti casi, corrotta da fallimenti sistemici, pressioni finanziarie e indifferenza sociale.

Gli scandali che abbiamo scoperto e discusso non sono incidenti isolati, ma sintomi di un problema profondamente radicato. Dalle sconvolgenti rivelazioni in "Les Fossoyeurs " di Victor Castanet alle innumerevoli testimonianze di vittime e delle loro famiglie, abbiamo assistito a un modello di abuso che abbraccia continenti e culture. Queste storie ci hanno costretto a confrontarci con una scomoda verità: la nostra società ha fallito nel suo dovere di proteggere e prendersi cura dei suoi anziani.

Abbiamo approfondito i vari tipi di abuso: fisico, psicologico, negligenza e finanziario, ognuno dei quali ha lasciato il suo impatto devastante sulle vittime. I volti e le storie dietro queste statistiche ci ricordano che ogni episodio di abuso rappresenta una tragedia umana, una vita sminuita e una famiglia lasciata nell'angoscia.

Il nostro esame dei fattori che hanno contribuito ha rivelato una tempesta perfetta di problemi: carenza di personale, formazione inadeguata, pressioni finanziarie e fallimenti gestionali. Abbiamo visto come la ricerca del profitto possa a volte mettere in ombra la missione fondamentale dell'assistenza, portando a tagli e negligenze. Ma abbiamo anche riconosciuto che molti assistenti sono essi stessi vittime di un sistema che sottovaluta il loro lavoro e li spinge fino ai loro limiti.

Le conseguenze di questo abuso vanno ben oltre le vittime immediate. Abbiamo esplorato come influisce sulla salute fisica e mentale dei residenti, il peso emotivo sulle famiglie e il disagio morale sperimentato dal personale sanitario che si ritrova nell'impossibilità di fornire il livello di assistenza che sa essere necessario.

Il nostro confronto internazionale ci ha mostrato che, mentre il problema è globale, lo sono anche gli sforzi per combatterlo. Abbiamo visto approcci e riforme innovative

da paesi di tutto il mondo, dimostrando che un cambiamento positivo è possibile quando c'è volontà politica e impegno pubblico.

Il ruolo della società

In tutto questo libro, abbiamo sottolineato che l'abuso degli anziani nelle case di riposo non è solo un problema per gli anziani o per le loro famiglie immediate, è un problema sociale che si riflette su tutti noi. Il modo in cui trattiamo i nostri membri più vulnerabili la dice lunga sui nostri valori e sulle nostre priorità come società.

I giovani adulti, in particolare, hanno un ruolo cruciale da svolgere. Non solo erediteranno i sistemi che creiamo oggi, ma hanno anche l'energia, l'idealismo e la competenza tecnologica per guidare un cambiamento significativo. Abbiamo discusso di come una maggiore consapevolezza, il volontariato e la preparazione alla propria vecchiaia possano fare davvero la differenza.

Le sfide finanziarie che le case di riposo devono affrontare, in particolare in paesi come la Francia, sottolineano la necessità di un dibattito sociale più ampio su come finanziamo e valutiamo l'assistenza agli anziani. È chiaro che il modello attuale non è sostenibile e spesso incentiva comportamenti sbagliati. Abbiamo bisogno di soluzioni innovative che bilancino la necessità di un'assistenza di qualità con la sostenibilità finanziaria.

Percorsi avanti

Nonostante il quadro fosco dipinto da gran parte della nostra indagine, abbiamo anche trovato motivo di speranza. Abbiamo evidenziato risposte e soluzioni, dalle riforme legislative alle iniziative di base, che stanno facendo una vera differenza nella vita degli anziani residenti.

Alcune aree chiave di miglioramento includono:

1. **Maggiore supervisione e responsabilità** : abbiamo bisogno di quadri normativi più solidi e concreti. Ciò include ispezioni a sorpresa, chiari meccanismi di segnalazione degli abusi e sanzioni significative per le strutture che non rispettano gli standard.

2. **Supporto e formazione del personale** : gli assistenti hanno bisogno di una retribuzione migliore, carichi di lavoro gestibili e una formazione completa. Ciò include non solo competenze tecniche, ma anche formazione in empatia, comunicazione e riconoscimento dei segnali di abuso.

3. **Modelli di assistenza incentrati sulla persona** : dobbiamo allontanarci dagli approcci di assistenza "taglia unica". Dovremmo invece implementare modelli che diano priorità alle esigenze, alle preferenze e alla dignità individuali di ogni residente.

4. **Integrazione tecnologica** : sebbene non possa sostituire l'assistenza umana, la tecnologia può svolgere un ruolo

cruciale nel monitoraggio, nella sicurezza e nel miglioramento della qualità della vita dei residenti. Dai sistemi di rilevamento degli abusi basati sull'intelligenza artificiale alle piattaforme di comunicazione che mantengono le famiglie connesse, le soluzioni tecnologiche dovrebbero essere accolte e sviluppate ulteriormente.

5. **Integrazione della comunità** : le case di riposo non dovrebbero essere isole a sé stanti. Dobbiamo trovare modi per integrare meglio queste strutture con la comunità più ampia, incoraggiando le interazioni intergenerazionali e il volontariato.

6. **Riforma finanziaria** : dobbiamo ripensare al modo in cui finanziamo l'assistenza agli anziani. Ciò potrebbe comportare nuovi modelli assicurativi, partnership pubblico-private o maggiori finanziamenti governativi. L'obiettivo dovrebbe essere un sistema che fornisca assistenza di qualità senza

imporre costi paralizzanti alle famiglie o incentivare il taglio dei costi a scapito dell'assistenza.

7. **Cambiamento culturale** : in definitiva, abbiamo bisogno di un cambiamento fondamentale nel modo in cui la società vede e valorizza i suoi membri anziani. Questo è un progetto a lungo termine che coinvolge istruzione, rappresentazione mediatica e sfida ai nostri pregiudizi sull'invecchiamento.

Il potere dell'azione individuale

Sebbene la portata del problema possa sembrare schiacciante, è fondamentale ricordare che il cambiamento spesso inizia con azioni individuali. In tutto questo libro, abbiamo fornito inviti all'azione alla fine di ogni capitolo, offrendo passaggi concreti che i lettori possono intraprendere per fare la differenza.

Queste azioni spaziano dagli impegni personali alle iniziative comunitarie:

- Informare noi stessi e gli altri sui segnali di abuso sugli anziani
- Volontariato presso case di riposo locali
- Sostenere cambiamenti politici a livello locale e nazionale
- Sostenere le organizzazioni che lottano per i diritti degli anziani
- Prepararci alla vecchiaia e avere conversazioni cruciali con le nostre famiglie
- Sfida agli atteggiamenti discriminatori nei confronti dell'età nella nostra vita quotidiana

Ognuna di queste azioni, non importa quanto piccola possa sembrare, contribuisce a un movimento più ampio per il cambiamento. Aiutano a rompere il silenzio che circonda l'abuso degli anziani e a creare una cultura di rispetto e cura per i nostri cittadini più anziani.

Il ruolo dell'intelligenza artificiale

Guardando al futuro, è chiaro che la tecnologia, in particolare l'intelligenza artificiale, avrà un ruolo sempre più importante nell'affrontare gli abusi sugli anziani. Abbiamo esplorato come l'intelligenza artificiale può essere utilizzata per rilevare modelli di abuso, migliorare la formazione degli assistenti e persino fornire compagnia ai residenti.

Tuttavia, è fondamentale che affrontiamo queste soluzioni tecnologiche con un'attenta considerazione delle implicazioni etiche. L'intelligenza artificiale dovrebbe essere uno strumento per migliorare l'assistenza umana, non sostituirla. Dobbiamo assicurarci che nella nostra corsa all'innovazione, non perdiamo di vista il bisogno umano fondamentale di connessione e compassione.

Un appello alla vigilanza continua

Mentre concludiamo questa esplorazione, è importante riconoscere che il lavoro è ben lungi dall'essere concluso. L'abuso degli anziani nelle case di riposo è un problema complesso e sfaccettato che richiederà attenzione, ricerca e azione costanti.

Dobbiamo restare vigili, continuando a far luce sugli abusi dove si verificano e celebrando i progressi dove li vediamo. Non si tratta solo di proteggere la popolazione anziana di oggi, ma di creare una società in cui noi stessi ci sentiremmo sicuri di invecchiare.

L'effetto domino della compassione

Ogni atto di gentilezza, ogni cambiamento di politica, ogni conversazione sull'assistenza agli anziani crea onde d'urto nelle nostre comunità. Trattando i nostri anziani con dignità e rispetto, non solo miglioriamo le loro vite, ma diamo anche l'esempio alle generazioni future.

Stiamo creando un'eredità di compassione che modellerà il modo in cui noi stessi saremo trattati nei nostri ultimi anni. In questo modo, la lotta contro gli abusi sugli anziani è profondamente personale per ognuno di noi, indipendentemente dalla nostra età attuale.

Guardando avanti

Mentre chiudiamo questo libro, immaginiamo un futuro in cui le case di riposo siano luoghi di dignità, gioia e crescita continua. Un futuro in cui i nostri anziani siano apprezzati per la loro saggezza ed esperienza, in cui gli assistenti siano rispettati e supportati nel loro lavoro cruciale e in cui le famiglie possano avere la tranquillità di sapere che i loro cari sono in buone mani.

Questa visione è alla nostra portata, ma ci vorrà la collaborazione di tutti noi - individui, comunità, istituzioni e governi - per renderla realtà. Le storie e le intuizioni condivise in questo libro non sono la fine della conversazione, ma piuttosto un invito ad

approfondire il nostro impegno per questa causa vitale.

Il tuo ruolo nella creazione del cambiamento

Mentre finisci di leggere questo libro, prenditi un momento per riflettere su ciò che hai imparato e su come ti ha influenzato. Quali azioni ti senti ispirato a intraprendere? Come puoi usare le tue abilità, esperienze e posizione uniche nella tua comunità per fare la differenza?

Ricordate, il cambiamento non avviene sempre con grandi gesti. A volte è semplice come trascorrere del tempo con un vicino anziano, informare un amico sulle realtà degli abusi sugli anziani o scrivere una lettera al vostro rappresentante locale. Ogni azione, non importa quanto piccola, contribuisce al movimento più ampio per i diritti e la dignità degli anziani.

In fin dei conti, il modo in cui trattiamo i nostri anziani è un riflesso dei nostri valori

come società. È una misura della nostra compassione, del nostro rispetto per la dignità umana e della nostra comprensione dell'interconnessione di tutte le fasi della vita. Combattendo contro gli abusi sugli anziani e impegnandoci a creare un mondo in cui tutti gli anziani possano vivere con dignità e rispetto, non stiamo solo migliorando la vita dei nostri anziani, stiamo elevando l'intera società.

Mentre chiudi questo libro, porta con te le storie che hai letto, le intuizioni che hai acquisito e l'urgenza di questa causa. Lascia che ti ispirino all'azione, alla conversazione e a un rinnovato impegno per creare un mondo in cui l' abuso degli anziani sia una cosa del passato e in cui invecchiare sia un viaggio segnato da dignità, rispetto e gioia.

Il potere di creare questo cambiamento è in ognuno di noi. Insieme, possiamo costruire un futuro in cui ogni anziano sia apprezzato, protetto e autorizzato a vivere i suoi ultimi anni in pace e dignità. Il viaggio inizia ora, con te.